Die Kinder-Lernwerkstatt

Christine Gerlach
Vivien Thiessen (Illustr.)

Herbst

Lernangebote für Kinder von 3 bis 6 Jahren

Nach der neuesten Fassung der Rechtschreibregeln – gültig ab August 2006!

Verlag an der Ruhr

Impressum

Titel: **Die Kinder-Lernwerkstatt „Herbst“**
Lernangebote für Kinder von 3 bis 6 Jahren

Autorin: Christine Gerlach

Illustrationen: Vivien Thiessen, Peter Rinsche (S. 50 und 53)

Umschlag: Umschlaggestaltung unter Verwendung eines Bildes
von Marcel Krüger (5 Jahre), Evangelischer Kindergarten Mönkeberg

Druck: Druckerei Uwe Nolte, Iserlohn

Verlag: Verlag an der Ruhr
Alexanderstraße 54 – 45472 Mülheim an der Ruhr
Postfach 10 22 51 – 45422 Mülheim an der Ruhr
Tel.: 02 08/439 54 50 – Fax: 02 08/439 54 39
E-Mail: info@verlagruhr.de
www.verlagruhr.de

ISBN 10: 3-8346-0200-0 (bis 12/2006)
ISBN 13: 978-3-8346-0200-8 (ab 2007)

geeignet für die Altersstufen: 3 4 5 6 7 8

Gedruckt auf chlorfrei gebleichtes Papier.

Die Schreibweise der Texte folgt der neuesten Fassung der Rechtschreibregeln – gültig ab August 2006.

Inhaltsübersicht

(AB=Arbeitsblatt zum Kopieren)

Vorwort

Die Kinder-Lernwerkstatt: Herbst ist für alle gedacht, die mit Kindern den Herbst in der Natur erleben möchten. Sie macht Spaß, vermittelt nachhaltiges Wissen und ganzheitliche Erfahrungen.

Großer Wert liegt auf den **Naturerfahrungen der Kinder**. Voraussetzung für den Lernerfolg ist aber auch, dass die Kinder üben zuzuhören und eine Weile still zusammenzusitzen. So können sie sich auf das konzentrieren, was sie gesehen und gehört haben.

Wie lange Sie an den Themen arbeiten, hängt sehr von den Vorerfahrungen der Kinder, der Konzeption der Einrichtung und einfach Ihren individuellen Möglichkeiten ab. Auf jeden Fall halte ich es für sehr wichtig, dass Sie sich für die Einführung und zum Abschluss der Projekte Zeit für **gemeinsame Reflexionsgespräche** nehmen.

Auch für die **Experimente** brauchen Sie genügend Zeit. Die Kinder sollen die Möglichkeit haben, immer wieder selbst etwas auszuprobieren und so neue, eigene Erfahrungen zu sammeln. Es ist keine Eile geboten!

Je nach Entwicklungsstand der einzelnen Kinder und Ihrem Personalschlüssel können Sie die Aktionen mit allen zusammen, in Kleingruppen oder auch als Einzelprojekt durchführen. Ein Wechsel von **Einzel- und Gruppenarbeit** fördert das Gemeinschaftserlebnis und die Selbstständigkeit gleichermaßen.

Die Kinder-Lernwerkstatt enthält zu jedem Thema einen **Elternbrief**, der von Ihnen für die Kinder bzw. Eltern kopiert werden kann. Am besten informieren Sie die Eltern im Vorhinein über das anstehende Projekt und die entsprechenden Elternbriefe, sodass alle Bescheid wissen. Darin erfahren die Eltern kurz, an welchem aktuellen Thema die Kinder inhaltlich arbeiten und finden praktische Tipps für zu Hause. Alle werden von dem Miteinander profitieren!

Die Themen basieren auf den grundlegenden Gemeinsamkeiten der Bildungspläne für den Elementarbereich. Im Mittelpunkt steht die Naturwissenschaft.

Die einzelnen **Bildungsbereiche** sind mit folgenden Symbolen gekennzeichnet:

Natur und kulturelle Umwelt

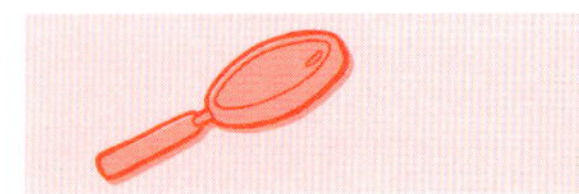
Naturwissenschaft und Technik

Sprachliches Grundverständnis

Mathematische Grunderfahrung

Soziales Lernen

Ästhetik und Gestalten

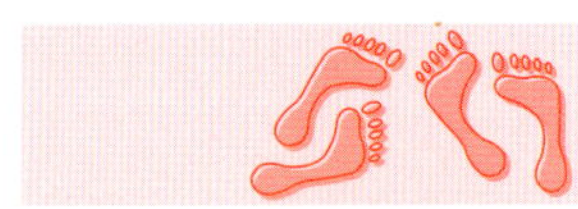
Bewegung und Gesundheit

Musik und Rhythmik

Umgang mit Medien

Als Biologin habe ich bei Naturerlebnis-Seminaren bei der pädagogischen Arbeit in Museen und mit der Gruppe „Naturschutz mit Kindern“, mit Schul- und Kindergartenkindern alle Vorschläge, die Sie in diesem Buch finden, entwickelt und ausprobiert. *Warum?*, fragt die Dreijährige und wenn ihr die Antwort nicht reicht, gleich noch einmal: *Warum?*

Und nun wünsche ich viel Spaß mit der Kinder-Lernwerkstatt: Herbst!

Christine Gerlach

Dr. Christine Gerlach

Der Herbst ist da!

Einleitung

Zur Einstimmung auf die neue Jahreszeit kann man hervorragend ein Fest feiern. Herbstfeste haben Tradition. Nach der Ernte, am Ende der Weinlese oder der Fischfangsaison gab es schon früher Grund zum Feiern. Die Vorräte waren eingebracht, die Tiere wieder im Stall, die Boote auf dem Trocknen und für die Menschen begann eine ruhigere Zeit. Aber vorher wollten sie noch einmal so richtig feiern.

So bietet es sich auch in Ihrer Einrichtung an, ein Fest zu feiern, denn in der Erlebniswelt der Kinder verändert sich jetzt viel. Der Sommer ist vorbei. Die kurzen Hosen bleiben im Schrank. Dickere Pullover müssen her. Auf einmal ist es draußen neblig und grau, die Bäume werfen ihre Blätter ab und die Schatten werden länger, es kommen einige ungemütliche regnerische Tage auf die Kinder zu. Doch zum Glück gibt es auch goldene Herbsttage mit viel Sonne!

Für das Herbstfest können die Kinder mit Hilfe der Erwachsenen alles sammeln, was zum Herbst passt. Damit lernen alle die Besonderheiten des Herbstes kennen.

Lernwörter

- Bucheckern
- Eicheln
- Haselnüsse
- Esskastanien
- Kastanien
- Hagebutten
- Holunderbeeren
- Laub
- Ahornblatt

Materialliste

- Dekorationsmaterial: z.B. Blätter, Äste, Federn, Laub, Früchte, Moos, Gras, Rinde, Bucheckern, Getreide, Gummistiefel, Regenschirm, Vogelbeeren, Hagebutten, Holunderbeeren, Kastanien, Eicheln, Wildblumen oder Sonnenblumen, Esskastanien (Maronen), Haselnüsse, Drachen
- Apfel- oder Pflaumenkuchen
- Apfel- und Holunderbeersaft
- durchsichtige Plastiktüten
- Wäscheklammern, Wäscheleine
- Hagebutten
- großes Ahornblatt
- Korb
- Esskastanien
- für den Herbsttroll:
  1 Gummistiefel, 2 Pflaumen

Der Herbst ist da!

So geht's!

1. Planung des Herbstfestes

Planen Sie das Fest im September, wenn die ersten Zeichen auf Herbst stehen, morgens ein paar gelbe Blätter auf der Straße liegen und eine Kreuzspinne ihr Netz vor der Haustür gesponnen hat.
Suchen Sie einen Platz, wo Sie das Fest feiern können: einen Garten oder Park mit Bäumen und Sträuchern in der Nähe Ihrer Einrichtung.
In den folgenden Tagen besuchen Sie mit den Kindern den ausgesuchten Festplatz und besprechen gemeinsam, was dort alles herbstlich ist. Sammeln Sie in einem Korb alles, was zum Thema passt.
Nicht nur die Kinder brauchen jetzt einen dicken Pullover. Auch das Kaninchen im Stall fühlt sich neuerdings so kuschelig an. Es hat sein Winterfell bekommen. Warme Kleidung gehört also auch dazu.

2. Die Einladung zum Fest

Die Kinder laden sich gegenseitig ein und auch die Eltern dürfen dabei sein.
Nehmen Sie ein großes Ahornblatt, zeichnen Sie die Umrisse nach und schreiben Sie den Einladungstext hinein.
Die Kinder können die Einladung auch anmalen oder anderweitig gestalten.

3. Das Herbstfest

■ **Dekoration**
Die Dekoration gestalten die Kinder zusammen mit den Erwachsenen aus herbstlichen Blättern, Früchten und Blumen, die sie draußen gefunden oder von zu Hause mitgebracht haben. Erzählen Sie von den Veränderungen in der Natur, die mit dem Einzug des Herbstes verbunden sind.

■ **Herbstkunde auf der Wäscheleine**
Spannen Sie zum Beispiel zwischen zwei Bäumen eine Wäscheleine so niedrig, dass die Kinder die Sammelstücke selbst aufhängen können. Dafür können sie Wäscheklammern oder Bindfäden benutzen. Bucheckern können in durchsichtige Plastiktüten gepackt und dann aufgehängt werden.
Ein Drache und ein Regenschirm dürfen nicht fehlen. Hängen Sie auch selbstgemalte Bilder, den Text von einem Herbstlied und eine lange Kette mit Kastanien und Eicheln auf.

Der Herbst ist da!

Essen und Getränke

Essen und Getränke sollten aus saisontypischen Zutaten bestehen. Vielleicht können die Kinder oder die Eltern selbstgeerntete Äpfel mitbringen und beim Kuchenbacken helfen. Es bietet sich auch an, Erzeugnisse von einem Bauernhof in der Region zu erwerben. Apfelsaft mögen fast alle Kinder. Aber Holunderbeersaft und die saure, rote Schale einer Hagebutte können sie ebenso probieren.

Auch Esskastanien (Maronen) sind zu empfehlen. Sie sollten möglichst rasch nach dem Ernten zubereitet werden, damit ihr Geschmack nicht verlorengeht. Erst durch das Rösten entfalten die Esskastanien ihre Süße und Stärke.

Ein Herbst-Troll

Auf dem Fußboden oder dem Rasen des Festplatzes legen Sie die Umrisse für den Herbst-Troll, den die Kinder in Teamarbeit aus dem gesammelten Material gestalten und schmücken. Dabei lernen die Kinder unterschiedliche Blätter, Früchte, Gräser, Äste, Ranken, Moose und Federn kennen.
Der Herbst-Troll hat blaue Augen aus Pflaumen und hat einen Gummistiefel an. Mehr sollten Sie nicht vorgeben. Lassen Sie die Kinder selbst gestalten!
Wenn der Troll fertig ist, finden Sie mit den Kindern einen passenden Namen für den Herbst-Troll!

Esskastanien-Rezept

1. Ritzen Sie die Schalen der Esskastanien kreuzweise ein.
2. Rösten Sie die Esskastanien bei ca. 200° C im Backofen, bis die Schale platzt.
3. Brechen Sie die Marone aus der Schale heraus und ziehen Sie den braunen Flaum ab.

Tipp:
Am besten schmecken die Esskastanien, wenn sie gesalzen und heiß sind!

Erntedankfest

In Gemeinden, in denen die Kinder das Erntedankfest feiern, können die gesammelten Bucheckern, Kastanien, Eicheln, Nüsse und getrocknete Wildblumen die traditionelle Dekoration bereichern. Erntedank gilt auch für die Früchte aus Wald und Flur.

4. Der Schlusskreis

Was passt zum Herbst? Im Kreis kommt jeder zu Wort. Jedes Kind nennt eine Sache, die zum Herbst passt. Mit Blick auf die Wäscheleine ist das sehr einfach. Die Kinder sind mehrmals dran, bis alles aufgezählt ist.

Der Herbst ist da!

Tipps für andere Bildungsbereiche

■ **Wortschatzerweiterung**
Erweiterung des Wortschatzes durch häufiges Benennen von Bäumen und Früchten.

■ **Reime**
Was reimt sich auf …
… Blätter? ⇨ Wetter
… Wind? ⇨ Kind
… Maus? ⇨ aus
Wer dichtet daraus einen Vers?

■ **Eine Geschichte erfinden**
Erfinden Sie zusammen mit den Kindern eine Herbstgeschichte! Alle sitzen im Kreis und Sie fangen an, zu erzählen:
„Ein Eichhörnchen fand eine Haselnuss und versteckte sie im Wald. Was passiert dann? Wer möchte weitererzählen?“
Wiederholen Sie dieses an den folgenden Tagen und beginnen Sie immer mit demselben Satz. Wie verändert sich die Geschichte?

■ **Blumentöpfe für die Fensterbank**
Besorgen Sie für jedes Kind einen Blumentopf aus Ton. Sammeln Sie Moos und kurze Zweige mit Vogelbeeren, Hagebutten, Eicheln und Blättern.
Die Kinder füllen das Moos in die Blumentöpfe und stecken die Zweige und Blätter als Schmuck für die Fensterbank oder den Balkon hinein. Wenn Sie den Topf nach draußen stellen, kommen im Herbst auch die Vögel und können beobachtet werden.

■ **Fest-Ideen sammeln**
Auch Feste feiern will gelernt sein. Feste sind ein wichtiger Bestandteil sozialen Umgangs und tragen zum Gemeinschaftsgefühl bei. Das erfahren schon die Kleinen bei ihrem Fest und bei Geburtstagen.
Wie stellen sich die Kinder ein Fest vor?
Was würden die Kinder gern feiern?

■ **Ein Daumenkino erstellen**
Machen Sie während des Festes oder während die Kinder den Herbsttroll gestalten, viele Fotos direkt hintereinander. Gestalten Sie daraus ein Daumenkino. Erklären Sie den Kindern, dass ein Film im Kino nach dem gleichen Prinzip funktioniert. Aufeinanderfolgende Bilder werden schnell in der richtigen Reihenfolge gezeigt und so entsteht der Anschein von Bewegung.
Im Kino werden diese Bilder mit Hilfe eines Projektors auf die Leinwand projiziert.

Der Herbst ist da!

Was brauchst du im Herbst?

Kreuze die Sachen an, die du im Herbst brauchst, und male sie aus.
Überlege: Wann braucht man die anderen Sachen?

☐

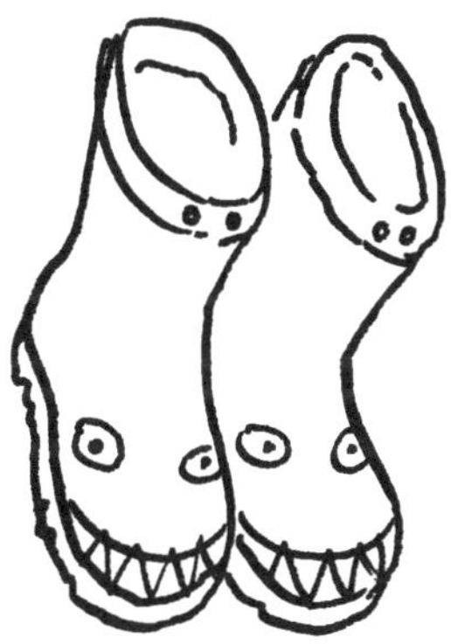

☐

☐

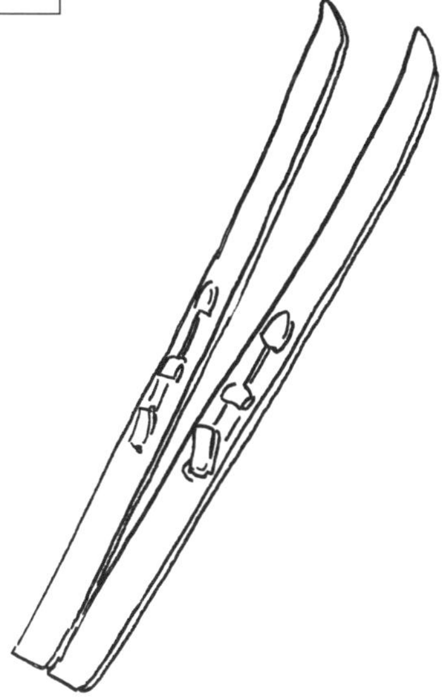

☐

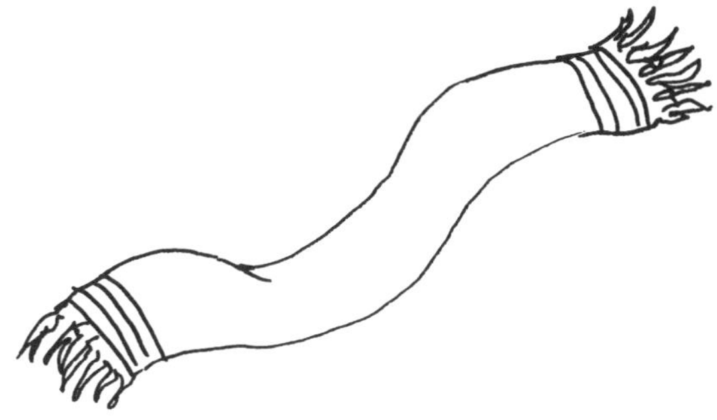

© Verlag an der Ruhr ■ Postfach 10 22 51 ■ 45422 Mülheim an der Ruhr ■ www.verlagruhr.de ■ ISBN 3-8346-0200-0

Der Herbst ist da!

Liebe Eltern!

Beim Herbstfest haben die Kinder bunte Blätter und Früchte gesammelt und daraus einen großen Herbst-Troll gestaltet.
Für die Gestaltung des Trolls haben die Kinder viele Materialien benutzt, die sehr typisch für den Herbst sind. Dabei konnten sich die Kinder intensiv mit den Materialien und dem Thema Herbst beschäftigen.

Sammeln Sie gemeinsam mit Ihrem Kind bunte Blätter und kleben Sie die Teile von Blättern in die Umrisse der Figur. Dann bedecken Sie die Figur mit Zeitungspapier, legen etwas Schweres darauf und pressen sie über Nacht.
Finden Sie zusammen mit Ihrem Kind einen passenden Namen für den Troll! Natürlich können Sie den Troll auch noch größer kopieren.

Neues von der Wetterstation

Lernwörter

- Kobel
- Nebelhorn
- Nebelschlussleuchte
- Nebelsignal
- Regenbogenfarben
- Regenwolke
- Wasserdampf

Einleitung

Im Herbst werden die Tage kürzer. Regen, Wind und Sturm, aber auch goldene Sonnentage gehören zum Herbst. Manchmal ist es morgens neblig. Nachts kühlt die Luft ab und Millionen Wassertröpfchen aus der Luft schweben über der Erde. Kalte Luft kann nicht so viel Wasser in sich binden wie warme Luft. So wird das Wasser aus der Luft zu Nebel.
Gegen Herbstende gibt es Nachtfröste. Dann können die Wassertröpfchen zu Raureif gefrieren, wenn sie sich z.B. an Bäumen und Grashalmen absetzen.
Jetzt bietet es sich an, Wetterbeobachtungen ins Programm aufzunehmen. Die Kinder üben, die Beobachtungen zu dokumentieren. Sie lernen, Zusammenhänge zu erkennen und zu vergleichen. Rosa Wölkchen am Morgen versprechen schönes Wetter. Aus Wolkentürmen am Abend kann Gewitter entstehen.
Beobachten Sie in der Küche den Nebel, der aus dem geöffneten Gefrierfach strömt, wenn Sie es öffnen, oder lassen Sie die Kinder viele kleine Regenbögen zaubern. Die einfachen Experimente begeistern schon dreijährige Kinder.

Materialliste

- eine Pfütze mit 3 kg Ton ausgekleidet oder ein Vogelbad
- Buntstifte oder Wachskreiden: hellblau, dunkelblau, gelb
- Platz im Freien für die Wetterstation (ca. 10 m^2)
- Stange, Stock oder Stiel (mind. 2 m) mit Windrad, Wetterhahn, Luftballons oder Seidenbändern
- Kühlschrank mit Gefrierfach, Gefriertruhe
- Nebelhorn, Schiffsglocke
- wasserfeste Filzstifte
- Bleistifte, Buntstifte
- 4 Holzlatten (20 cm)
- Markierungsband
- Zeichenkarton
- Seifenblasen
- vier Stöcke

Neues von der Wetterstation

So geht's!

1. Reden Sie über das Wetter

Lassen Sie die Kinder schildern, wie das Wetter auf dem Weg zur Einrichtung war und wie das Wetter beim letzten Ausflug oder an anderen, besonderen Tagen gewesen ist.
Was ist das Besondere an unterschiedlichen Wetterlagen? Wie fühlen sich die Kinder bei verschiedenen Wettern? Was müssen sie anziehen?

2. Lesen Sie diese Geschichte vor

Schönes Wetter heute

Morgens zieht Lisa die Gardine auf und schaut hinaus. Draußen vor dem Fenster leuchten noch die Straßenlaternen und zwischen den Bäumen sieht sie ein Stück vom Himmel, hellblau mit einigen rosa Wölkchen. „Schönes Wetter heute", ruft sie, schlüpft in ihre Schuhe und läuft vor die Tür. Im Garten setzt sie sich auf einen großen Stein und blinzelt in die ersten Sonnenstrahlen.
Am Boden entdeckt sie ein paar Erdkrümel, die winzige Türmchen bilden. „Schönes Wetter heute", stellt sie noch einmal fest. Dann hört sie eine knurrige, erdige Stimme sagen: „Du spinnst, die ganze Nacht habe ich in der trockenen Erde herumgewühlt und bin kaum vorwärtsgekommen. Ich bin ein Regenwurm und kein Sonnenwurm. Ich wünsche mir Regen, aber nur ein bisschen, sonst ertrinke ich in meinem Gang."
Bald darauf erscheint eine Amsel. Auch sie ist mit dem Wetter unzufrieden. „Schlechtes Wetter heute! Wo bleibt mein Frühstück?", sagt die Amsel. Lisa hilft dem Regenwurm, zu verschwinden. „Einen Regenwurm aus der Erde zu ziehen, ist bei trockenem Wetter kein Vergnügen", meint die Amsel und wendet das Laub unter der Hecke auf der Suche nach einem Ersatz für das gewohnte Regenwurmfrühstück.
Die braune Schnecke, die nachts noch auf den Steinplatten gekrochen ist, hockt nun in ihrer vertrockneten, silbrigen Schleimspur. Auch sie fände es schöner, wenn es regnet.
Ein paar Schwalben, die seit Tagen unruhig herumfliegen, rufen fragend: „Wann kommt endlich der richtige Wind?" Damit meinen sie, dass sie ihren Abflugtermin in den Süden noch einmal verschieben müssen. Die Windrichtung passt nicht für einen richtigen Start.
Lisa kann es gar nicht verstehen, dass sich keiner so wie sie über das schöne Wetter freut.

Zum Glück ist wenigstens ein Eichhörnchen ihrer Meinung. Es pfeift: „Schönes Wetter heute! Da kann ich gut weiter an meinem Kobel bauen. Bald will ich dort einziehen." Mit einem Kobel meint das Eichhörnchen sein selbstgebautes, kugeliges Nest aus Ästen und Blättern. Hier will es im kalten Winter schlafen. Lisa überlegt ein bisschen und sagt dann: „Der Herbst fängt ja erst an. Da bekommt ihr noch alle das Wetter, das ihr euch wünscht. Auf jeden Fall finde ich das Wetter heute richtig schön!"

3. Überall Nebel

Was ist Nebel?

Wasser kann sich bei Wärme in so kleine Teile zerteilen, dass es sich sogar in der Luft verstecken kann. Die Wassermoleküle sind dann kleiner als die Luftmoleküle und können so zwischen den Luftmolekülen verschwinden. Je wärmer die Luft ist, desto mehr Wasser kann sie aufnehmen. Denken Sie z.B. an die hohe Luftfeuchtigkeit und die hohen Temperaturen in den Tropen!
Wenn die Luft aber kälter wird, schlagen sich winzige Wassertropfen aus der wärmeren Luft nieder. Über der kalten Erde schweben sie eine Weile als Nebel. Auf Brillengläsern, an Haarspitzen und auf der glatten Fläche der Regenjacke können die Kinder die Wassertropfen besonders gut sehen und fühlen. An Nebeltagen sind das Gras und die Bäume ganz feucht. Überall hängen die Wassertröpfchen, die sich aus dem Nebel niederschlagen. Ein Spaziergang im Nebel ist wie ein Spaziergang in den Wolken.

Gemeinsamer Nebelspaziergang

Besonders einprägsam ist es für die Kinder, wenn Sie gemeinsam den Nebel live erleben. Informieren Sie sich über das kommende Wetter. Wenn Frühnebel zu erwarten ist, ermuntern Sie die Kinder, so früh wie möglich in die Einrichtung zu kommen, und bieten Sie einen morgendlichen Nebelspaziergang an. Gehen Sie gemeinsam mit allen Sinnen durch den Nebel. Wie sieht der Nebel aus? Wie fühlt sich der Nebel an? Wie schmeckt der Nebel? Wie riecht der Nebel? Was hört man im Nebel?

Eigene Nebelerlebnisse

Heute ist ein Nebeltag. An einem nebligen Morgen im Herbst haben die Kinder schon allerlei erlebt, bevor sie in die Einrichtung kommen. Lassen Sie die Kinder spontan von den Erlebnissen erzählen. Sie können einführend diesen Text vorlesen:
„Als Ole die Haustür aufmachte, konnte er kaum die andere Straßenseite sehen. An der Fellkante von Lisas Kapuze hingen viele kleine Wassertropfen und Lottas Haare waren pudelnass, als sie beim Kindergarten ankam. Paul wäre beinahe gegen einen Baum gerannt, denn seine Brillengläser waren nass, sodass er gar nichts mehr sehen konnte. Die Autos hatten das Nebelschlusslicht an und fuhren langsamer als sonst. Ein Hund an der Leine auf der anderen Straßenseite sah aus wie ein kleines Gespenst.“

Nebel im Gefrierfach

In der Küche ist die Luft meist feucht und warm, jedenfalls viel wärmer als im Gefrierfach des Kühlschranks. Wenn Sie die Tür des Gefrierfachs öffnen und ein Paket Eis herausnehmen, dann sehen Sie „Nebel“ vom Paket aufsteigen und auch im Kühlfach wird es neblig. Die warme Küchenluft kühlt sich nämlich ab, wenn sie mit der kalten Luft zusammentrifft. Die Luftfeuchtigkeit wird in Form des Nebels sichtbar.
Wie es im geschlossenen Kühlfach aussieht, können die Kinder durch die Glasscheibe einer Kühltruhe im Supermarkt sehen. Kein Nebel! Dort ist die Kälte eingeschlossen und nicht in Berührung mit wärmerer Luft. Wenn die Kinder aber die Kühltruhe öffnen, bildet sich Nebel und die Scheiben beschlagen mit kondensiertem Wasser.

Neues von der Wetterstation

■ **Vorsicht, Nebel!**
Dichter Nebel bedeutet Unfallgefahr. Alle müssen sich darauf einstellen, dass die Sicht schlecht ist. Ein Auto- oder Fahrradfahrer sieht die Fußgänger erst viel später als gewöhnlich auftauchen und umgekehrt. Daher haben Autos sogar ein extra Licht für Nebel: die Nebelschlussleuchte. Aber trotzdem: Absolute Vorsicht im Straßenverkehr ist unerlässlich!
Sprechen Sie mit den Kindern ausführlich über die Gefahren im Straßenverkehr.
Übrigens macht der Nebel auch Tieren zu schaffen: Vögel können sich im dichten Nebel verirren, weil sie bekannte Orientierungspunkte nicht mehr sehen können.
Wer in der Nähe der Küste oder an Flüssen oder Seen mit Schiffsverkehr wohnt, kennt das Geräusch der Nebelsignale. Damit machen die Schiffe auf sich aufmerksam und teilen anderen Schiffen mit, wo sie fahren oder vor Anker liegen. Das hilft, Zusammenstöße zu vermeiden. Vielleicht können Sie ein Nebelhorn und eine Schiffsglocke von einem Sportboot ausleihen und mit den Kindern Nebelsignale ausprobieren.

Schallsignale bei verminderter Sicht

● = kurzer Ton (1 Sekunde) alle 2 Minuten

▬ = langer Ton (4 Sekunden) alle 2 Minuten

 Schiffsglocke (rasches Läuten) für Schiffe bis 100 m jede Minute

 Gong (an Stelle einer Schiffsglocke) für Schiffe über 100 m jede Minute

Bedeutung der Signale

▬ Maschinenfahrzeug in Fahrt

▬ ▬ Schiff hat gestoppt

▬ ● ● ● manövrierunfähig, geschlepptes Fahrzeug

 Schiff vor Anker bei Schiffslänge bis 100 m

 Schiff vor Anker bei Schiffslänge über 100 m

4. Wetterbeobachtungen

■ **Das Wettertagebuch** *(Arbeitsblatt S. 19)*
Selbst ein Wettertagebuch zu führen über Himmelsfarbe, Sonne, Wolken, Regen und Schnee, lässt die Kinder das Wetter bewusster wahrnehmen und gibt ihnen einen einfachen Überblick.
Besprechen Sie gemeinsam die Wettersymbole. Dies ist der erste Schritt, Naturbeobachtungen zu dokumentieren und zu vergleichen. Eintragungen von genau gemessener Lufttemperatur und von gemessenen Niederschlagsmengen sind erst nach einiger Übung sinnvoll.

➥ Kopieren Sie die Tabelle, in welche die Symbole eingetragen werden, für jedes Kind auf DIN A4 und für Gruppen auf DIN A3.
➥ Besprechen Sie die Tabelle mit den Kindern. Sprechen Sie über die Himmelsfarben, die mit Wachskreiden gemalt werden können, und über die Formen der Wolken, die mit Bleistift oder Buntstift gezeichnet werden können.
➥ Beginnen Sie am Montag. Beobachten Sie zusammen mit den Kindern den Himmel und die Wolken. Unterstützen Sie die Kinder bei den ersten Eintragungen.
➥ Lassen Sie die Kinder entscheiden, welches der Wettersymbole am besten zum Wetter des Tages passt. Die Kinder wählen das entsprechende Symbol und malen es möglichst genau so in die Tabelle hinein. Oder aber Sie kopieren die Wettersymbole mehrfach. Die Kinder können dann das entsprechende Symbol ausschneiden und in die Tabelle hineinkleben. Natürlich können die Kinder die Symbole auch ganz selbstständig gestalten.
➥ Das Ausfüllen der Tabelle wird mit zunehmender Übung immer leichter! Wenn schon einige Eintragungen notiert sind, ist alles sehr übersichtlich: Farbe steht neben Farbe und Wolken stehen neben Wolken usw. So wird das Wetter vergleichbar.

Neues von der Wetterstation

Die Wetterstation

Um täglich vergleichbare Wetterbeobachtungen durchführen zu können, richten Sie eine Wetterstation ein. Dazu brauchen Sie in der Nähe der Einrichtung einen ruhigen Platz (ca. 10 m^2), den sie nach Möglichkeit mit Stöcken und dem Markierungsband abgrenzen. So sieht jeder, dass eine Störung nicht erwünscht ist.

➥ Der Regenmesser

Zur Anlage der Pfütze brauchen Sie einen Tag, an dem schönes Wetter ist. Die Kinder heben eine Mulde von höchstens 1 m Durchmesser und 30 cm Tiefe aus.
Der Boden und die Seiten der Mulde werden glatt gestrichen. Dann kneten Sie zusammen mit den Kindern den Ton weich. Die Mulde wird mit dem Ton ausgekleidet. Zunächst feuchten Sie die Mulde mehrfach an. Dann lassen Sie sie langsam trocknen. Wenn sich Risse bilden, verschmieren Sie die Mulde nochmals mit Ton.
Bei Regen bleibt das Wasser eine Weile in der Tonmulde stehen und die Kinder können feststellen, ob es viel oder wenig geregnet hat. Hier können sie auch erkennen, wann es Nachtfrost gegeben hat. Nehmen Sie die erste dünne Eisscheibe heraus und lassen Sie das Eis auf der Hand tauen. Wer es genauer wissen will, kann auch einen Messbecher nehmen.

➥ Der Windanzeiger

Ob Windrad, Wetterhahn, Luftballons oder Seidenbänder an einer Stange (mind. 2 m lang): der Windanzeiger muss möglichst hoch über der Erde angebracht sein, sodass der Wind gut einfallen kann. So kann er die Windrichtung anzeigen.
Allerdings können die Kinder die Windrichtung auch nach Seglerart bestimmen: Einfach den Zeigefinger mit Spucke befeuchten und in den Wind halten. In Windrichtung trocknet der Finger sehr schnell und fühlt sich etwas kälter an.

➥ Das kleine Himmelsfenster

(Arbeitsblatt S. 21)
Bauen Sie aus Holzlatten einen Rahmen (Seitenlänge ca. 20 cm). Montieren Sie den Rahmen auf einen Bambusstock. Stecken Sie den Stock so in die Erde, dass die Kinder den Rahmen als Fenster benutzen können, durch das sie einen Ausschnitt des Himmels beobachten. Das Fenster ist auch weiterhin für andere Naturbeobachtungen nützlich. Oder aber Sie kopieren das Himmelfenster des Arbeitsblattes auf Pappe und schneiden die Vorlage aus.

5. Gezauberte Regenbögen

(Arbeitsblatt S. 20)
Wenn auf eine Regenwolke die Sonne strahlt, entsteht ein Regenbogen. Das Sonnenlicht, das Menschen durchsichtig erscheint, besteht in Wirklichkeit aus den Spektralfarben. Die Regentropfen brechen das Sonnenlicht und zerlegen es in die Regenbogenfarben: rot, orange, gelb, grün, blau und violett. Da jede Farbe in einem anderen Winkel aus dem Tropfen heraustritt, sieht man ein buntes Farbband. Mit dem Rücken zur Sonne gekehrt, sehen wir den Regenbogen in den Wolken. Lassen Sie die Kinder den Regenbogen auf dem Arbeitsblatt in den richtigen Farben ausmalen.
Dafür müssen Sie zunächst eine Vorlage schaffen, indem Sie ein Arbeitsblatt mit den entsprechenden Farben ausmalen.

➥ Regenbogen-Experiment

Viele kleine Regenbögen können die Kinder mit Seifenblasen selbst herstellen. In jeder Seifenblase erscheinen die Regenbogenfarben, wenn die Sonne darauf fällt.

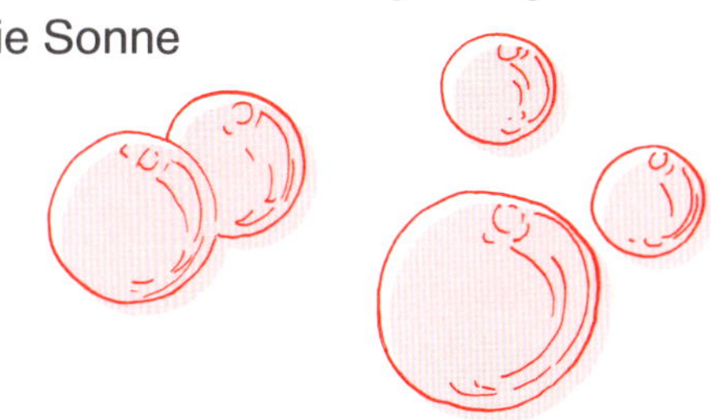

Achtung: Die Kinder müssen sich so hinstellen, dass sie die Sonne im Rücken haben!

Neues von der Wetterstation

Tipps für andere Bildungsbereiche

■ **Eigene Erfahrungsberichte**
Lassen Sie die Kinder von ihren eigenen Erfahrungen erzählen. Welches Wetter gefällt dir am besten? Was ziehst du dann an? Was hast du schon mal besonders an einem extrem heißen, kalten, stürmischen, regnerischen … Tag erlebt?

■ **Geschichten vorlesen**
Geschichten ergänzen das naturwissenschaftliche Projekt. So können Sie z.B. die Schilderung des Unwetters aus „Ronja Räubertochter“ (S. 5-12) von Astrid Lindgren oder den Anfang des Märchens „Die Prinzessin auf der Erbse“ von H.C.Andersen vorlesen.

■ **Foto im Gefrierfach**
Die Kinder haben gesehen, dass im Supermarkt in der geschlossenen Gefriertruhe kein Nebel ist. Also befindet sich auch im Gefrierfach des Kühlschranks in Ihrer Einrichtung kein Nebel, richtig? Richtig, aber kann man das beweisen? Fragen Sie die Kinder, vielleicht haben die eine Idee.
Lösung:
Stellen Sie die Digitalkamera in das Gefrierfach und machen Sie ein Bild mit dem Selbstauslöser, wenn das Fach geschlossen ist. Sie werden sehen: kein Nebel auf dem Foto! Aber bitte Blitzlicht nicht vergessen!

Liebe Eltern!

Die Kinder haben verschiedene Wetterlagen kennen gelernt und täglich das Wetter in der selbsteingerichteten Wetterstation beobachtet. Mit einfachen Symbolen haben sie sogar ein Wettertagebuch geführt.
Vielleicht möchten Sie mit ihrem Kind dieses Wettertagebuch zu Hause fortführen. Nehmen Sie sich doch eine Kopie mit nach Hause.
Stellen Sie an einem Regentag einen Messbecher draußen als Regenmesser auf.
Bauen Sie einen einfachen Windanzeiger mit einem Luftballon, der an einem Band an einer Stange hängt.
Werfen Sie gemeinsam mit ihrem Kind täglich morgens ein Blick aus dem Fenster:

Wie wird das Wetter heute?
Was müssen wir anziehen?
Ihr Kind ist inzwischen vielleicht schon Experte in Wetterfragen!

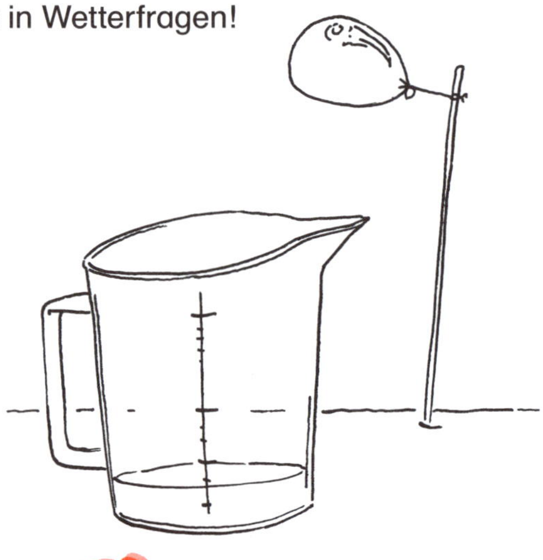

Neues von der Wetterstation

Wettertagebuch

	Montag	Dienstag	Mittwoch	Donnerstag	Freitag
Wetter des Tages 					
Himmels-farbe 					
Wolken 					
Windstärke 					

Unsere Wetter-Symbole für das „Wetter des Tages“

					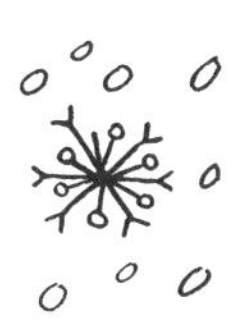
Sonne	Wolken	Regen	Nebel	Gewitter	Schnee

© Verlag an der Ruhr ■ Postfach 10 22 51 ■ 45422 Mülheim an der Ruhr ■ www.verlagruhr.de ■ ISBN 3-8346-0200-0

Neues von der Wetterstation

Ein Regenbogen

Male den Regenbogen in den passenden Farben an.

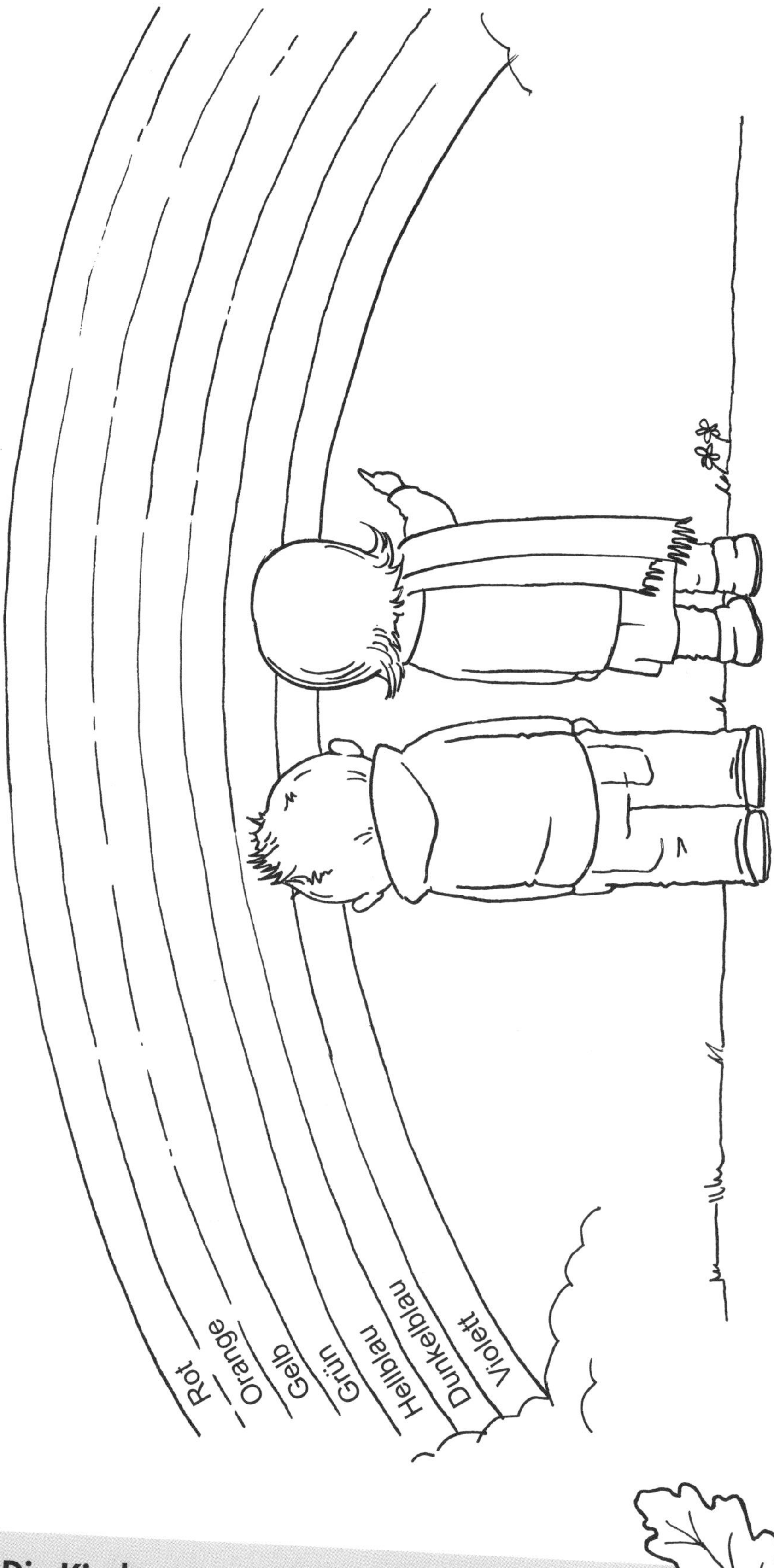

Neues von der Wetterstation

Das kleine Himmelsfenster

Wie durch den Sucher einer Kamera kannst du den Himmel betrachten. Welche Farbe hat der Himmel? Wo gibt es besonders schöne Wolkenbilder? Male hier rein, was du durch dein Fenster gesehen hast.

ACHTUNG!
Nicht in die Sonne sehen!

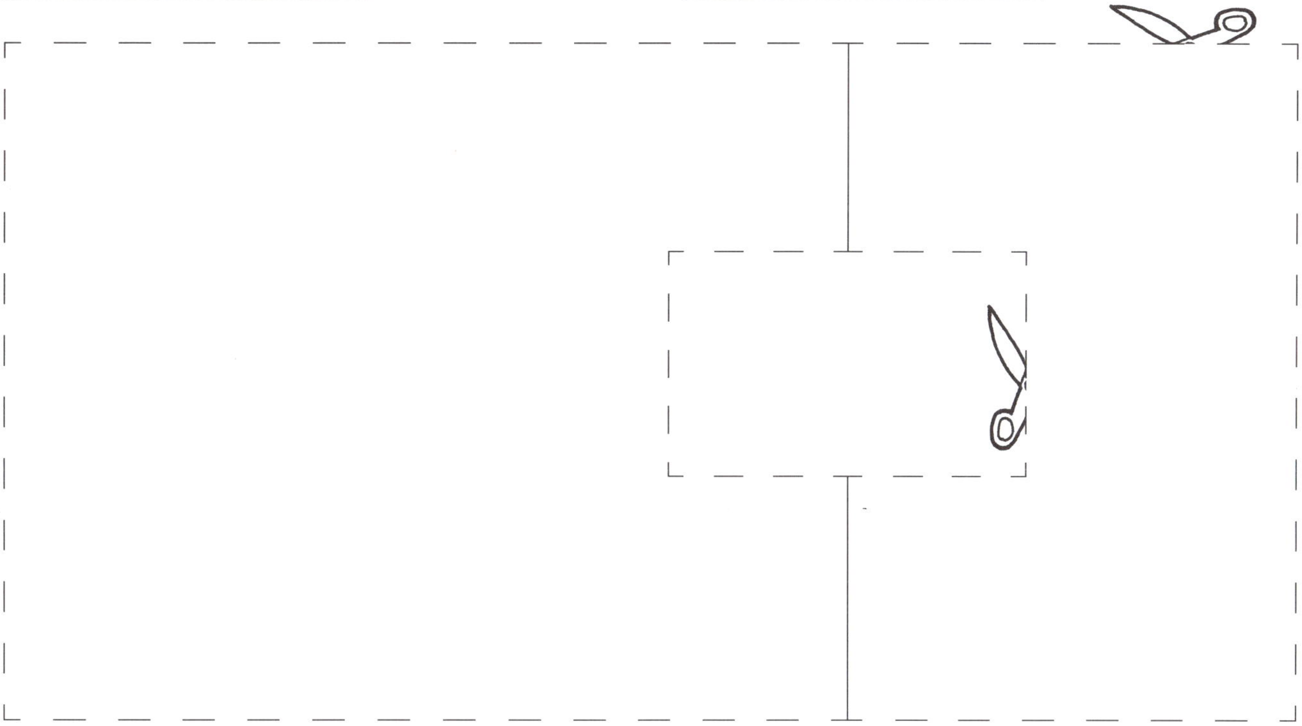

 ISBN 3-8346-0200-0

Von Drachen und Flugsauriern

Lernwörter

- absteigen
- aufsteigen
- Drachen
- Drachenschnur
- Flugobjekt
- Flugsaurier
- steigen lassen

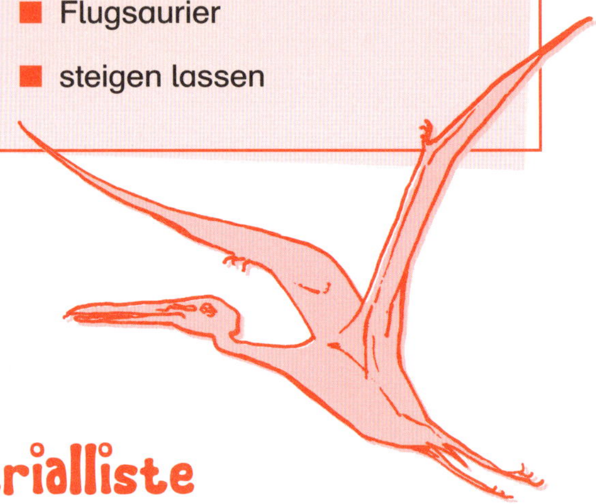

Einleitung

Fast jedes Kind möchte einmal fliegen lernen! Es steht auf dem Tisch oder auf einer niedrigen Mauer, breitet die Arme aus, springt und landet auf dem Boden. Die Schwerkraft ist unüberwindlich. Da helfen auch gebastelte Engelflügel, Vogelschwingen und der Herbstwind nicht.
Umso spannender ist es, auszuprobieren ob ein selbst gebauter Drachen fliegen kann. Federleicht und mit einer glatten Segelfläche bespannt, kann der Wind den Drachen bis in den Himmel tragen.
Früher boten die Stoppelfelder, die nicht sofort wieder bearbeitet wurden, Platz zum Drachensteigen. Auch heute werden Sie sicher eine Wiese finden, wo Sie mit den Kindern die Flugfähigkeit der Drachen und der erfundenen Flugobjekte testen können.
Drachen haben die Flugsaurier als Vorlage. Und auch die Vögel sind eigentlich Flugsaurier, nach dem heutigen Wissensstand der Forscher. Flugsaurier konnten, wie auch die Spielzeugdrachen, nicht richtig fliegen. Mit ihren vielen Knochen waren sie zu schwer, um vom Boden starten zu können. Deswegen kletterten die Flugsaurier auf Bäume und ließen sich dann von oben herab gleiten. Bei günstigem Wind und Thermik gelang der Gleitflug. Im Laufe der erdgeschichtlichen Zeit wurden die Urvögel immer leichter. Das war eine wichtige Voraussetzung zum richtigen Fliegen.

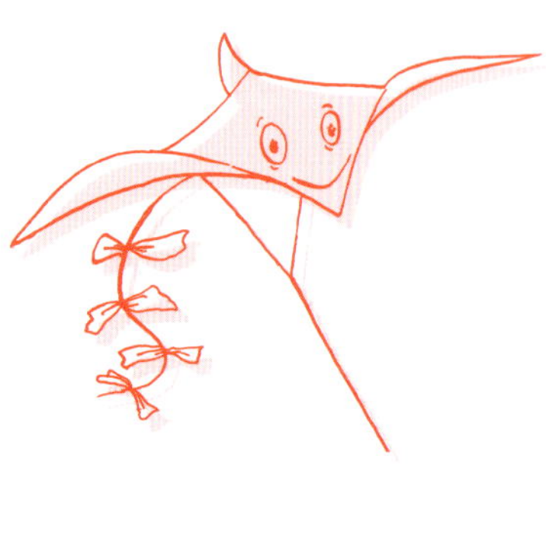

Materialliste

- Material für Flugobjekte: Federn, lange Grashalme, Baumrinde, Korken, Seidenreste, Perlonreste vom Segelmacher, dünne Leisten vom Modellbau, kleine Styroporkugeln und Styroporreste, Watte, Perlonschnur, Klebstoff, dünner Draht, Samen von Ahorn, Linde und Waldrebe, Bast, Stoffstreifen, bunte Bänder
- breites durchsichtiges Klebeband
- Ahorn- oder Platanenblatt
- 2 Rundhölzer pro Kind
- 1 Plastiktüte pro Kind
- wasserfeste Filzstifte
- Schraubenzieher
- lange Drachenschnur auf einer Spule
- Scheren
- Ring

Von Drachen und Flugsauriern

So geht's!

1. Planung und Herstellung

(Arbeitsblatt S. 25)

Fertigen Sie die Drachen zusammen mit den Kindern an, nach der Bauanleitung auf S. 25. Vielleicht können einige Kinder auch einen Drachen von zu Hause mitbringen.
Die drei- bis vierjährigen Kinder können beim Drachenbau helfen, indem sie die Flugbänder und die Schwänze für die Drachen basteln.
Die fünf- bis sechsjährigen Kinder können in Zweiergruppen mit etwas Unterstützung der Erwachsenen den Drachen bauen. Sie malen Gesichter auf die Drachen und testen auf dem Flur oder draußen auf geeigneten Plätzen rennend die Flugfähigkeit.
Die fertigen Drachen werden beschriftet mit den Namen der Kinder, die sie gebaut haben. Bis zum Ausflug werden sie verwahrt.

2. Flugversuche auf der Drachenwiese

Zuerst rennen die Kinder kreuz und quer über die Wiese, die Drachenschnur nur zwei bis drei Meter lang, die übrigen Meter bleiben noch aufgewickelt. Die Kinder bekommen so ein Gefühl für die Stärke des Windes.
Sie merken schnell, dass die Drachen so nicht aufsteigen können, sondern nur über dem Boden flattern.
Drachen werden zum Aufsteigen gegen die Windrichtung gezogen. Also: Woher kommt der Wind? Lassen Sie einen Luftballon steigen oder bunte Flatterbänder wehen. Alle schauen zu, wohin der Wind sie weht.
Bei zu schwachem Wind, bei Sturm oder bei sehr böigem Wind kommt es immer wieder zum Absturz. Fliegen lernen ist schwer! Trotzdem nicht aufgeben!

3. Flugobjekte erfinden

Sammeln Sie im Voraus die unterschiedlichsten Materialien. Im Herbst ist die Hauptmauserzeit der Vögel und die Kinder finden in der Stadt zum Beispiel viele Taubenfedern. Trocknen Sie lange stabile Grashalme zum Verbinden. Breiten Sie verschiedene Bau- und Dekorationsmaterialien auf dem Tisch aus. Je leichter das Material ist, desto besser ist es für ein Flugobjekt geeignet. Der Fantasie sind keine Grenzen gesetzt!
Erzählen Sie den Kindern, dass sie Erfinder sind und ein Flugobjekt bauen.
Für kleinere Kinder können Sie einen Däumling oder einen Zwerg beschreiben, der fliegen möchte und dafür einen Flieger braucht.

Schon Dreijährige können einen Blattdrachen erfinden. An den Stiel eines großen Ahorn- oder Platanenblattes werden ein Faden als Drachenschnur und bunte Bänder als Schmuck gebunden. Mit Fingerfarbe kann der kleine Drache auch ein Gesicht bekommen, bevor er (mit oder ohne Schnur) über die Wiese flattert.

Am Schluss hängen Sie die fertigen Objekte mit Perlonschnur an einem Besenstiel auf oder die Kinder lassen sie von einem Balkon fliegen (und sammeln sie wieder ein). Auch eine kleine Ausstellung „Flieger im Herbstwind" kann den Erfindertag abschließen.

Von Drachen und Flugsauriern

Tipps für andere Bildungsbereiche

■ **Gedichte und Geschichten**
Sprechen Sie mit den Kindern über das Gedicht und/oder die Geschichte.

Ach, wer das doch könnte
Gemäht sind die Felder,
Der Stoppelwind weht.
Hoch droben in Lüften
Mein Drache nun steht,
Die Rippen von Holze,
Der Leib von Papier,
Zwei Ohren, ein Schwänzlein
Sind all seine Zier.
Und ich denk: so drauf liegen
Im sonnigen Strahl,
Ach, wer das doch könnte
Nur ein einziges Mal.
(Victor Blüthgen, 1844–1920)

Das tapfere Schneiderlein
Ein Riese wollte das tapfere Schneiderlein prüfen, ob es wirklich ein solch tüchtiges Kerlchen sei, wie es behauptete. Nämlich einer, der Siebene auf einen Streich erschlagen hatte. Der Riese hob einen Stein auf und warf ihn so hoch, dass man ihn mit Augen kaum sehen konnte: „Nun, du Erpelmännchen, das tu mir nach!" „Gut geworfen", sagte der Schneider, „aber der Stein hat doch wieder zur Erde herabfallen müssen; ich will dir einen werfen, der soll gar nicht wiederkommen." Er griff in seine Tasche, nahm den Vogel, den er zuvor in seine Tasche gesteckt hatte, und warf ihn in die Luft. Der Vogel, froh über seine Freiheit, stieg auf, flog fort und kam nicht wieder. „Wie gefällt dir das Stückchen, Kamerad?", fragte der Schneider. „Werfen kannst du wohl", sagte der Riese. Und damit hatte das tapfere Schneiderlein die Probe bestanden.
(frei nach den Gebrüdern Grimm)

■ **Erstes Abmessen**
Die größeren Kinder können beim Bau der Drachen üben, ein Zentimetermaß zu benutzen, und die Drachenschnur ausmessen.

■ **Viele Flugversuche**
Flugversuche mit Frisbeescheibe, Bumerang, Luftballon und gebastelten Flugobjekten bringen viel Bewegung an der frischen Luft.

■ **Kreative Windspiele**
Bauen Sie ein Windspiel mit vielen Stoffstreifen. Die Kinder knoten die Stoffstreifen an einen großen Ring aus Weidenzweigen, der auf dem Flur oder Balkon aufgehängt wird.

Von Drachen und Flugsauriern

Bauanleitung für einen Drachen

1.

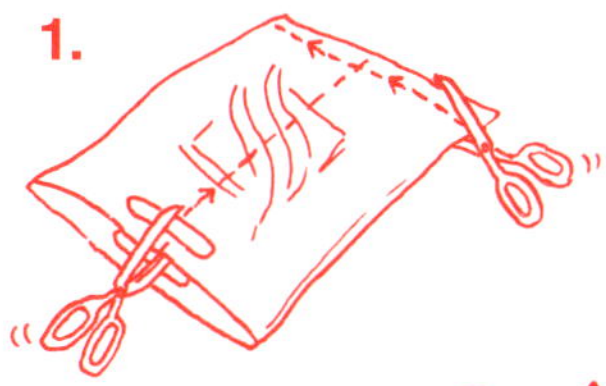

2.

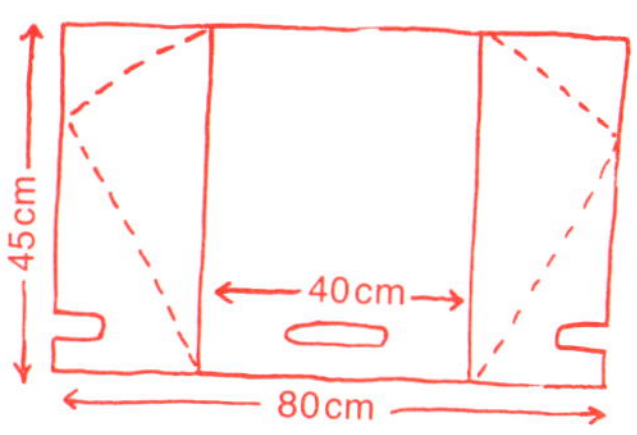

3.

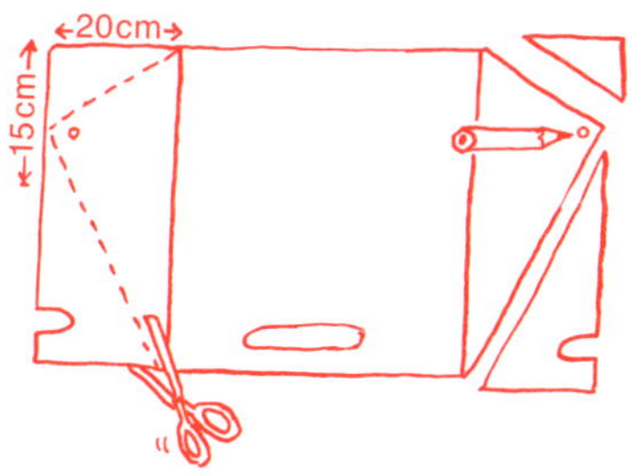

4.

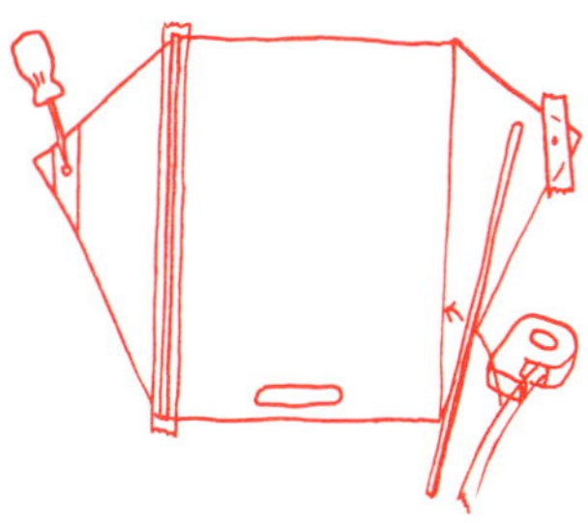

5.

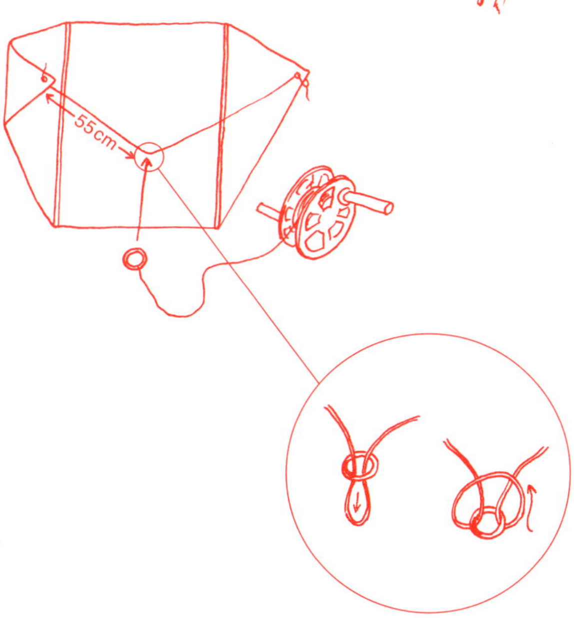

Materialliste

- eine Plastiktüte (ca. 40 x 45 cm)
- 2 Rundhölzer (ca. 45 cm)
- breites, durchsichtiges Klebeband
- lange Drachenschnur auf einer Spule
- Schere
- Ring

So geht's

1. Zerschneide die Plastiktüte.
2. Klappe die Plastiktüte auseinander.
3. Zeichne die Drachenform und die Löcher für die Drachenschnur ein.
4. Klebe durchsichtiges Klebeband über die eingezeichneten Löcher. Stich die beiden Löcher ein und klebe mit breitem Klebeband die Rundhölzer auf die Längskanten.
5. Fädele eine Schnur durch die Löcher und knote sie fest.
6. An dieser Schnur befestigst du deine lange Drachenschnur, die möglichst auf einer Spule aufgewickelt ist. Du kannst deinen Drachen mit wasserfesten Stiften auch noch bemalen und bunte Flatterbänder daran befestigen.

Von Drachen und Flugsauriern

Liebe Eltern!

Wir haben alle zusammen Drachen und Flugobjekte gebaut und getestet. Wir haben die Drachen selbstgebaut und haben sie gemeinsam steigen lassen. Das hat Spaß gemacht!

Der kleine Drache, der hier abgebildet ist, möchte sich tarnen. Wenn er auf einen Apfelbaum klettert, will er nicht mehr gesehen werden. Mit Blättern und Klebstoff wird Ihrem Kind mit Ihrer Hilfe die Tarnung bestimmt gelingen.

Leben unter der Laubdecke

Einleitung

Bei einem Waldausflug mit Kindern hat man nur selten das Glück, großen Tieren zu begegnen, weil die Tiere durch die Lautstärke der Menschen verscheucht werden. Aber verborgen unter Laub und Rinde, in alten Baumstümpfen und unter Steinen leben unzählige kleine Tiere. Machen Sie mit den Kindern einen Ausflug ins Krabbelland! Krabbelland ist fast überall und leicht zu finden.

Dort, wo im Herbst der Waldboden von Blättern zugedeckt ist, unter großen Bäumen im Park oder im Garten, ist der Lebensraum von wirbellosen Landtieren, die sich im Herbst unter den Blättern in der obersten Bodenschicht aufhalten. Das Falllaub im Herbstwald wirkt wie eine dicke Daunendecke, unter der im Winter der Boden frostfrei bleibt. Wo dagegen das Laub vom Wind weggeblasen wird, kann der Waldboden gefrieren.

Die Bodentiere unter dem Laub haben eine sehr wichtige Funktion, denn viele von ihnen zerkleinern das Laub. Im Laufe von 1 bis 7 Jahren werden die Blätter zu Humus verarbeitet und damit schaffen sie die Grundlage für das weitere Wachsen. So wie der Regenwurm haben die meisten Kleintiere, Bakterien und Pilze die Aufgabe, das Laub zu zersetzen und die darin enthaltenen Bestandteile in den Boden zurückzuführen.

Lernwörter

- Fühler
- Assel
- Hundertfüßler
- Tausendfüßler
- Laubdecke
- Lebensraum
- Terrarium
- Tiergarten

Gerade dort, wo viele Menschen wohnen, wird dieser Kreislauf oft durchbrochen: Laubharken zerstört das Winterquartier vieler Kleintiere. Sie werden aus ihrem Winterschlaf gerissen, was an ihren Kräften zehrt und möglicherweise auch ihren Tod bedeuten kann.

Materialliste

- Baumaterialien: Zweige, Rinde, Steine, Holz, große Blätter
- Futter: morsches Holz, Pilze, Bucheckern
- für jedes Kind einen stabilen Löffel
- Becherlupen oder andere Lupen
- kleine Stöcke
- Fotoapparat

Leben unter der Laubdecke

So geht's!

1. Ausflugsplanung

Planen Sie den Ausflug für Mitte Oktober. Dann haben die Bäume schon viele Blätter abgeworfen und eine dicke Laubschicht bedeckt den Boden unter den Bäumen.

2. Ausflugsziel

Suchen Sie das Krabbelland, nicht zu weit von Ihrer Einrichtung entfernt. Am besten geeignet ist ein kleiner Wald, ein Park mit vielen Laubbäumen oder ein wilder Garten.

3. Vorbesprechung

Besprechen Sie mit den Kindern Ziel und Thema des Ausflugs. Sie können die Besprechung z.B. folgendermaßen beginnen:
Wir gehen in den Wald, um unter dem Laub kleine Tiere zu suchen, die sich im Winter dorthin zurückziehen. Ihr Lebensraum ist also der Boden unter dem Laub. Die kleinen Tiere dürfen nur ganz vorsichtig angefasst werden. Da sie so klein sind, kann man sie schnell verletzen. Mit der Lupe betrachtet, werden die Tiere ganz groß aussehen.
Viele Bodentiere sind so klein, dass sie mit dem bloßen Auge gar nicht zu sehen und mit der Lupe nur als krabbelndes Pünktchen zu erkennen sind. Lassen Sie die Kinder schon mal die Lupen ausprobieren. Packen Sie gemeinsam mit den Kindern für den Ausflug.

4. Angekommen

Am Ausflugsziel angekommen, markieren Sie mit Stöcken im Laub das Revier, in dem die Kinder in kleinen Gruppen die Tiere suchen können. Vorsichtig wird das Laub beiseitegeschoben, bis der dunkle und feuchte Waldboden sicht- und fühlbar ist. Nun brauchen die Kinder viel Zeit zum Ausprobieren und Beobachten. Mit Löffeln können sie die oberste Humusschicht auflockern. Die Kinder sind jetzt Forscher und Entdecker. Sie untersuchen selbstständig das Erdreich.
Wenn die erste Assel auf der Hand liegt und ein Hundertfüßler in eine Becherlupe wandert, ist das Interesse bei allen geweckt.

5. Tiere finden

Sobald einige Tiere vorsichtig eingefangen und mit bloßen Augen betrachtet worden sind, verteilen Sie die Lupen. Bei zehnfacher Vergrößerung kann man noch mehr erkennen. Für Anfänger ist der Umgang mit der Lupe schwierig, dafür braucht man Zeit und Geduld.

6. Zoo-Eröffnung

Die Kinder können mit den Tieren einen Tiergarten eröffnen. Aus Zweigen, Rindenstücken und Steinchen bauen die Kinder kleine Freigehege, in denen sie Asseln, Hundertfüßler, kleine Schnecken und Würmer aussetzen und beobachten können. Lassen Sie die Kinder zwei bis drei Freigehege einrichten. Wenn nicht zu viele Tiere beieinander sind, können die Kinder die Tiere besser im Auge behalten.
Große Blätter sind als Schutzdächer geeignet und ein Stück Holz dient als Versteck. Blätter mit Fraßspuren, morsches Holz, Bucheckern und Pilze werden als Futter angeboten.
Einige Tiere ergreifen schnell die Flucht, andere sind bei den herbstlichen Temperaturen schon etwas steif und bewegen sich nur langsam.

7. Abschluss

Zum Abschluss decken die Kinder die Tiere wieder vorsichtig mit Laub zu. Falllaub ist nicht nur Futter für viele Bodentiere, sondern schützt sie auch vor Kälte und Feinden.

Leben unter der Laubdecke

Tipps für andere Bildungsbereiche

Freies Erzählen

Das Krabbelland regt zum freien Erzählen an: Hubert, der Hundertfüßler erzählt aus dem Erdreich!

Krabbelland-Collage

Die Kinder gestalten in Gruppenarbeit eine große Collage: Die Bodentiere unter der Laubdecke.

Krabbelland-Terrarium

(Arbeitsblatt S. 31)

Mit den größeren Kindern können Sie für einen kurzen Zeitraum ein Terrarium einrichten. Dafür ist ein durchsichtiges Plastikgefäß oder ein Aquarium geeignet. Das Terrarium darf nicht in der Sonne oder direkt an der Heizung stehen.
Auf eine lockere Sandschicht schichtet man Humus und morsches Holz. Darauf wird Laub verteilt, einige Steine dienen als Versteck für die Bodentiere.
Stellen Sie in eine Ecke eine Schale mit Wasser und legen Sie ein Stück Holz oder Rinde in das Wasser. Das schafft Luftfeuchtigkeit, die auch am Wochenende das Austrocknen verhindert.
Die gesammelten Tiere können sich im Terrarium verstecken. Sie können noch ein paar Mal aufgestöbert und genau betrachtet werden. Nutzen Sie das Bestimmungsblatt (S. 31) und weitere Tierlexika und suchen Sie gemeinsam nach den Namen der Tiere. Nach einer Woche sollten die Tiere wieder gemeinsam in die Natur zurückgebracht werden.

Foto-Dokumentationen

Dokumentieren Sie den Ausflug ins Krabbelland oder den Bau des Terrariums mit der Digitalkamera.
Auch die Kinder können hier selbst einmal auf den Auslöser drücken.
Drucken Sie die Fotos aus.
Wählen Sie 4 Fotos aus, die den Prozess optimal verbildlichen.
Bringen Sie die Reihenfolge der Fotos durcheinander. Lassen Sie die Kinder die Bilder wieder ordnen. Dabei können Sie sich noch einmal an das Erlebnis erinnern.

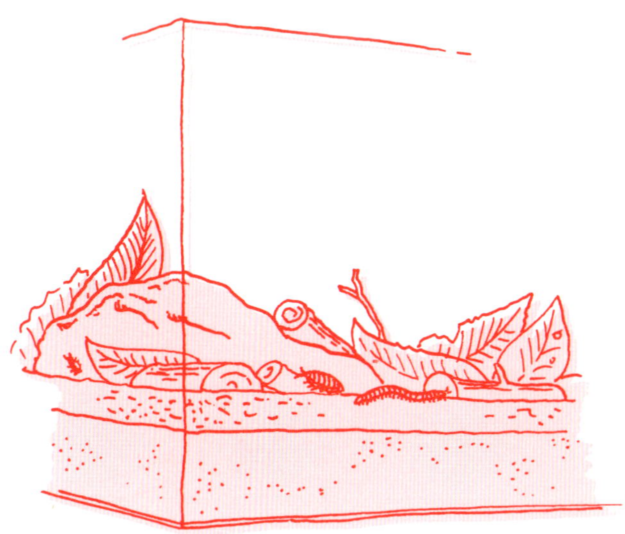

Leben unter der Laubdecke

Zoo für Krabbeltiere (1/2)

Male das Bild bunt an.
Schneide die Tiere von der zweiten Seite aus
und klebe sie in dein Gehege.
Weißt du, wie die Tiere heißen?

© Verlag an der Ruhr ■ Postfach 10 22 51 ■ 45422 Mülheim an der Ruhr ■ www.verlagruhr.de ■ ISBN 3-8346-0200-0

Leben unter der Laubdecke

Zoo für Krabbeltiere (2/2)

**Schneide die Tiere aus
und klebe sie in deinen Zoo.**

Welche Tiere sind in deinen Zoo eingezogen?

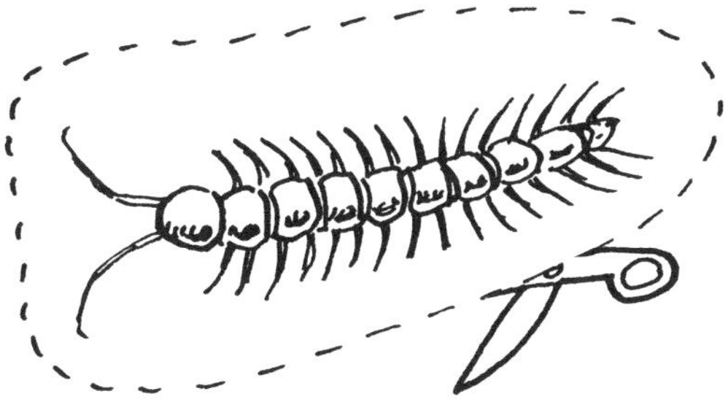

Hundertfüßler

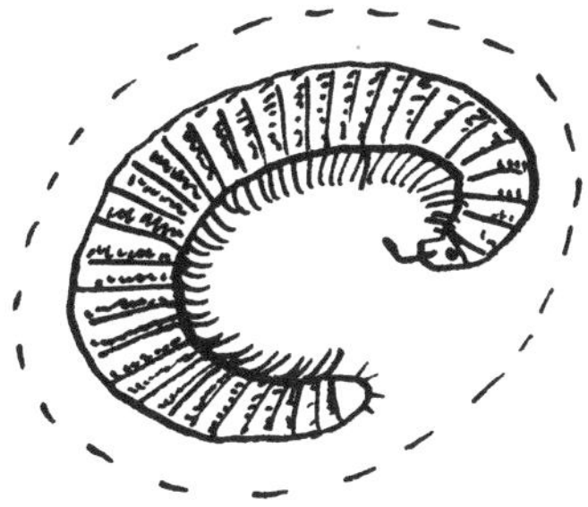

Tausendfüßler

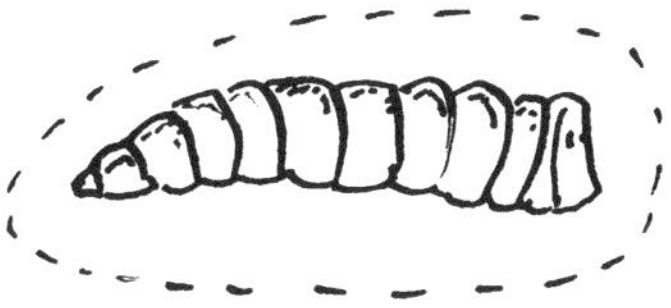

Fliegenmade

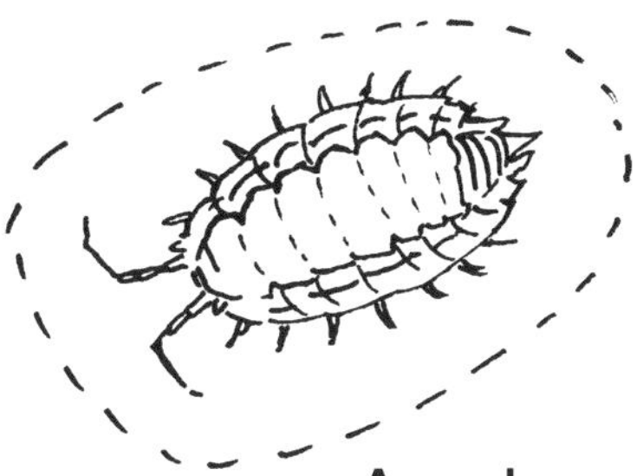

Assel

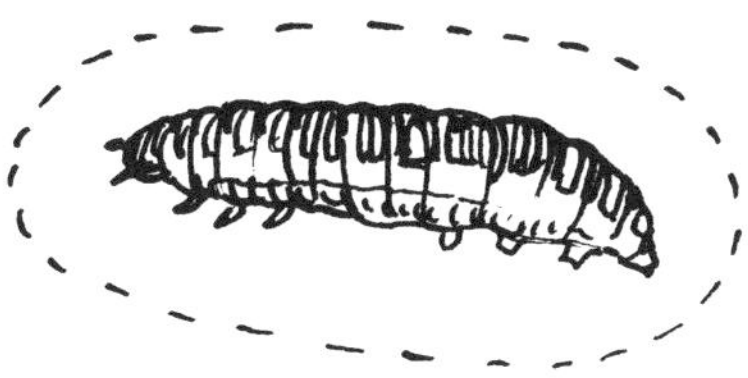

Schmetterlingsraupe

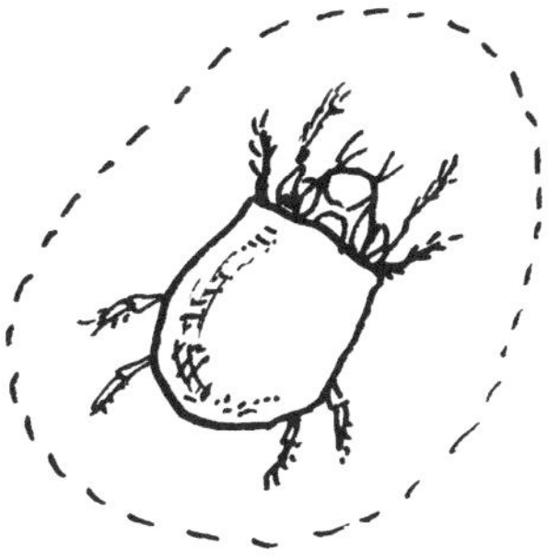

Milbe

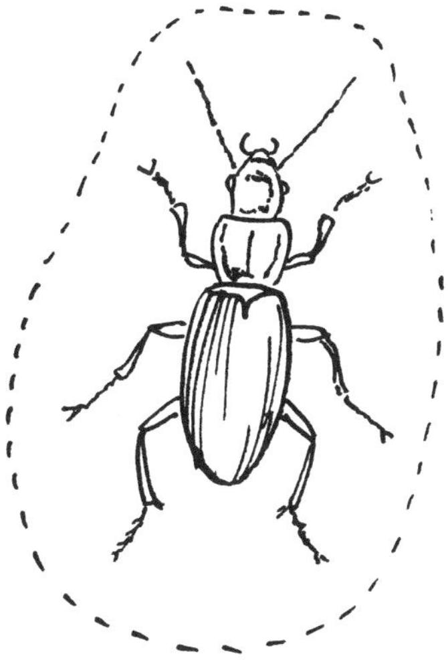

Laufkäfer

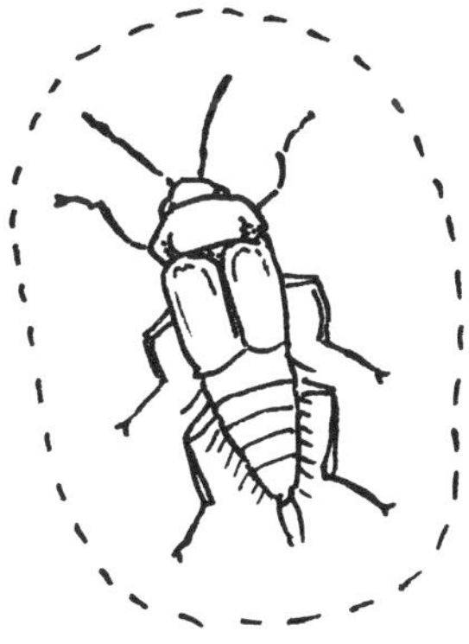

Kurzflügler

Leben unter der Laubdecke

Liebe Eltern!

Bei einem Ausflug ins Krabbelland haben die Kinder kleine Tiere kennen gelernt, die im Boden unter dem Laub leben.
Der Ausflug ins Krabbelland hat Ihr Kind wahrscheinlich neugierig gemacht, noch mehr über die kleinen Bodentiere zu erfahren.

Hier ist die Abbildung von einem Hundertfüßler und einer Assel zum Ausmalen.
Hat der Hundertfüßler wirklich hundert Beine? Zählen Sie gemeinsam mit Ihrem Kind die Beine.
Der Hundertfüßler hat ________ Beine.

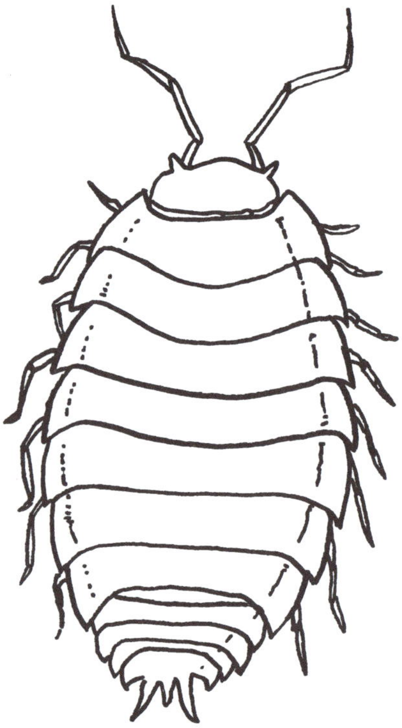

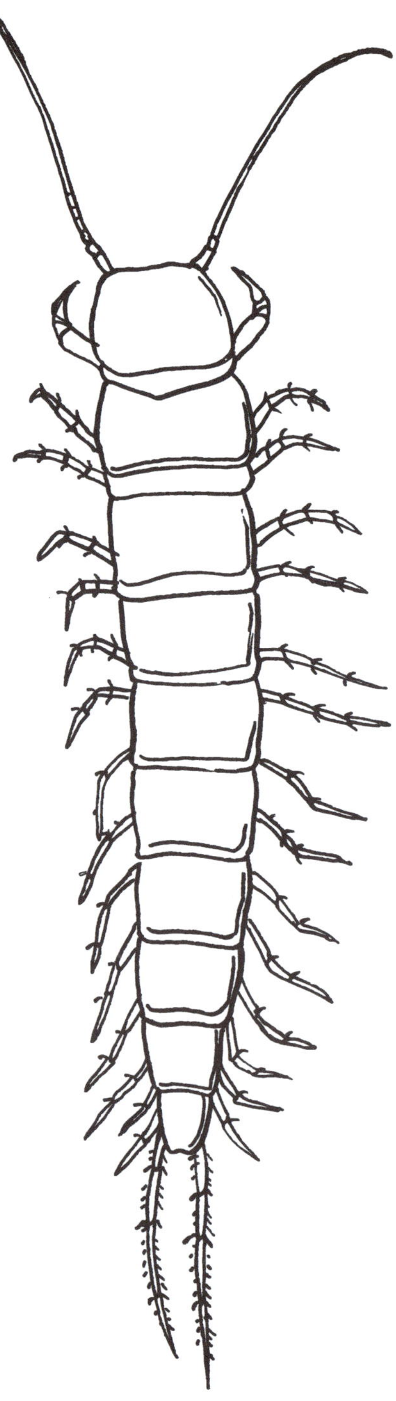

Igel auf Wohnungssuche

Einleitung

Igelkinder werden meistens im August oder September nach einer Tragezeit von ca. 35 Tagen geboren. Die Igelmutter baut für ihre Jungen ein weiches Nest, ausgepolstert mit Moos und Heu. Darin wirft sie 2-10 Junge, die bei der Geburt nackt und blind sind. Die Stacheln liegen noch unter einer weichen Haut und treten erst nach 2 Tagen hervor.
Nach 10 Tagen üben die kleinen Igel, sich einzurollen, sie balgen sich um die Zitzen der Mutter. Bald öffnen sich die Augen. Nach 3–4 Wochen fangen die Jungen an, das Nest zu verlassen und selbst nach Nahrung zu suchen. Wenn alles gutgeht, können Igel 8 Jahre alt werden. Um der Nahrungsarmut im Winter zu entgehen, halten Igel meist ab Oktober einen Winterschlaf. Dafür fressen sie sich im Herbst ein Fettpolster an, so können sie bis zu einem halben Jahr ohne Futter auskommen. Oft überwintern Igel z.B. im wärmenden Laub in einer schützenden Hecke, aber auch in Hohlräumen unter Garagen. Igel sind für Kinder besonders spannende Tiere. Wer läuft auch sonst nachts ganz allein mit einem Stachelkleid herum? Die Igelstacheln schützen ihn vor Feinden. Auch anschleichen muss sich der Igel nicht. Denn man hört ihn schon, bevor er da ist. Schmatzend, schniefend und mit etwa 16 000 raschelnden Stacheln kommt er an. Das kann er sich leisten, denn er kennt fast keine anderen Tiere als Feinde. Seine Feinde sind die Autos, wenn er nachts eine Straße überqueren will oder wenn er sich auf den sonnenwarmen Asphalt zum Schlafen legt. Bei drohender Gefahr, also auch bei Berührung, rollt er sich zusammen, anstatt wegzulaufen. Das hat ihm bei der Auseinandersetzung mit Feinden seit vielen Millionen Jahren geholfen.

Lernwörter

- Insektenfresser
- Laubhaufen
- Naturschutz
- sich einigeln
- Stacheln
- Winterschlaf
- Winterquartier

Aber seinen neuen Feinden, den Autos, kann er so nicht entkommen! Sie fahren ihn einfach platt. So sehen Kinder leider oft zuerst einen toten Igel am Straßenrand, bevor sie das Glück haben, einem lebendigen zu begegnen. Igel gehören gemäß dem Bundesnaturschutzgesetz zu den besonders geschützten Tierarten, die man nicht fangen und töten darf.

Materialliste

- einen geschützten Platz unter Sträuchern
- Laub, Äste und Zweige
- Eimer, Schubkarre, Bretter, Spaten
- Erde, Sand, Ton
- Rollrasen
- Babyfon
- Harke

Igel auf Wohnungssuche

So geht's!

1. In der Pflegestation

In vielen Städten und Gemeinden gibt es Pflegestationen für Igel oder es werden Seminare zum Igelschutz angeboten. In Pflegestationen werden Igel versorgt, die verletzt sind oder die im Herbst noch nicht genug wiegen, um den Winter zu überstehen. Mindestens 500 Gramm sollte ein Igelkind dann wiegen. Erkundigen Sie sich, ob Sie mit den Kindern in die Pflegestation zu Besuch kommen und in der Station einen Igel live erleben können.

2. Igel sind Wildtiere

Wildtiere sind keine Schmusetiere zum Spielen. Vielleicht dürfen die Kinder trotzdem einmal die Stacheln berühren, die den Igel von der Stirn bis zur Schwanzspitze einkleiden. Vielleicht sehen sie das weiche Fell am Bauch des Igels und erleben, wie sich der Igel bei Berührung blitzschnell zu einer Kugel zusammenrollt.
In Obhut der Menschen werden Igel in kurzer Zeit zahm, schmatzen und schnauben.
Igel sind Insektenfresser, die von Laufkäfern, Tausendfüßlern, Ohrwürmern, Raupen, Spinnen, Regenwürmern und Schnecken leben.
Wenn das Nahrungsangebot knapp wird, fressen Igel auch Früchte, also Obst, Nüsse oder Beeren.
Pfleglinge werden am besten mit Hunde- oder Katzenfutter aus Dosen, Haferflocken und hart gekochtem Ei gefüttert. Es gibt auch spezielles Igelfutter. Abgekochtes Wasser ist gut gegen den Durst, aber bitte keine Milch! Der Igel verträgt die Laktose in der Milch nicht.

3. Winterquartier suchen

Erzählen Sie den Kindern, dass Igel jetzt im Herbst auf der Suche nach einem Winterquartier sind, wo sie ihren Winterschlaf halten können. Dadurch entgehen sie den Hungerzeiten, denn Nahrung ist für sie im Winter kaum zu finden. Erst im April oder Mai werden sie wieder munter. Das Stachelkleid schützt zwar perfekt vor Feinden, aber es wärmt nicht so gut wie ein Fell. Ohne Winterschlaf würden die Igel in kalten Wintern erfrieren. Aber besonders in der Stadt haben sie heutzutage Probleme, ein geeignetes Winterquartier zu finden. In vielen Gärten und Parks wird das Laub zusammengeharkt und abgefahren, und das Reisig kommt in den Schredder. Es fehlen Laub- und Reisighaufen und Buschwerk als Igelversteck. Vielleicht können einige Kinder mit ihren Eltern hier und da helfen, und einen Platz für die Igel einrichten. Dafür sollten sie Laub und Zweige zu Haufen aufschichten, am besten an einem wind- und regengeschützten Platz.

4. Spurensuche

Hat ein Igel den Laubhaufen bezogen? Streuen Sie Sand vor das Laub, streichen Sie ihn glatt und nach einigen Tagen finden Sie hoffentlich Igelspuren.

5. Gefahren für den Igel

(Arbeitsblatt S. 36)
Besprechen Sie mit den Kindern an Hand des Arbeitsblattes, welche Gefahren es für Igel rund um das Haus gibt. Wie kann man ihm helfen, wenn er z. B. die Kellertreppe hinab oder in den Teich fällt? Anschließend checken die Kinder bei einem Rundgang im Gelände mit den Bildern die möglichen Gefahrenquellen. Wenn es nötig ist, wird anschließend für Abhilfe gesorgt.

Igel auf Wohnungssuche

Tipps für andere Bildungsbereiche

■ **Igel-Geschichten vorlesen**
Das Märchen „Wettlauf zwischen Hase und Igel“ von den Gebrüdern Grimm eignet sich hervorragend für ein Rollenspiel. Dabei spielen zwei Kinder die Igel, ein Kind den Hasen und dann braucht man noch viele Zuschauer. Am besten kann dieses Spiel draußen gespielt werden.
Die Geschichte „Wettlauf zwischen Hase und Igel“ gibt es auch von Janosch, allerdings in einer völlig anderen Version.

■ **„Sich einigeln“**
Gebrauchen Sie den Begriff „sich einigeln“: Paul hat sich eingeigelt, er verhält sich wie ein eingerollter Igel, er ist nicht ansprechbar und in Abwehrhaltung, denn er hat Angst. Igel sind sympathische Tiere trotz der Stacheln. Paul ist trotzdem ein netter Junge. Wann hast du dich schon einmal eingeigelt?

■ **Igel belauschen**
Einsatz des Babyfons: Mit einem Babyfon können Sie hören, ob ein Igel zum Beispiel in einer Hecke oder unter Büschen im Park oder Garten herumstrolcht. Während Sie auf einer Bank abwarten, meldet das Babyfon Ihnen die Igelgeräusche, ohne dass der Igel gestört wird.

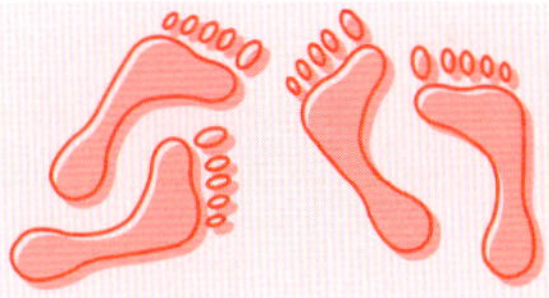

■ **Igel-Gymnastik**
Nehmen Sie Einrollen und Ausrollen wie ein Igel in das Gymnastikprogramm auf.

■ **Igel aus Ton**
Aus Tonkugeln in Hühnereigröße können die Kinder Igel gestalten. Eine Tonkugel mit einigen Strichen als Stacheln kann weitergeformt werden, bis ein naturgetreuer Igel entsteht. Die Figuren werden getrocknet und später gebrannt. Schon vor ungefähr 7000 Jahren schuf man im alten Ägypten sehr naturgetreue Tonigel. In ägyptischen Museen sind häufig Igelfiguren und Igelabbildungen zu sehen. Es gibt dort auch sehr kleine Igel, die als Amulett getragen wurden.

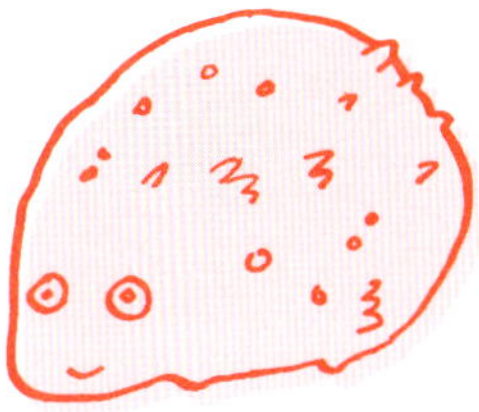

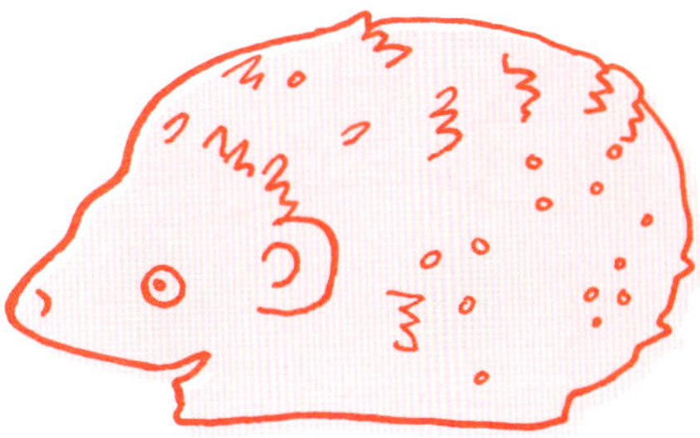

Igel auf Wohnungssuche

Achtung, Gefahr!

Wieso sind diese Situationen gefährlich für den Igel?

Oft hilft schon: ein schräges Brett, damit der Igel aus dem Teich laufen kann, ein paar Ziegelsteine auf einer Treppe, um die Stufenhöhe zu verringern, einige Stellen am Draht, die man nach oben biegt oder das Beseitigen von Müllbeuteln.

Igel auf Wohnungssuche

Liebe Eltern!

Die Kinder haben in den vergangenen Tagen viel über Igel erfahren und nachgeschaut, ob der Garten oder Park igelfreundlich ist.
Igel sind nachtaktiv. Machen Sie im Herbst bei beginnender Dämmerung, wenn die Igel munter werden, einen Spaziergang im Park oder am Waldrand.

Nehmen Sie Taschenlampen und ein Babyfon mit. Um den Igel nicht zu stören, setzen Sie sich auf eine Bank. Verstecken Sie das Babyfon unter Büschen, dort, wo Sie einen Igel erwarten. Wenn Sie hören, dass es im Laub raschelt und schnaubt und schmatzt, dann ist sicher ein Igel auf Abendtour in der Nähe.

Igelwohnung

Wo überwintert der Igel?
Male einen Igel in seiner Winterwohnung.

Der Storch auf weiter Reise

Einleitung

Viele Vögel finden hier zu Lande nicht genügend Nahrung, wenn sich im Herbst die meisten Insekten und die Frösche verkriechen. Die Vögel fliegen darum südwärts, wo es wärmer ist und wo das Nahrungsangebot für sie auch im Winter ausreicht. Durch ihre Wanderungen entgehen sie den Hungerzeiten. Die Vögel, die Körner fressen, können hierbleiben, denn für sie ist der Tisch auch im Herbst und Winter gedeckt.

Der Weißstorch ist ein besonders bekannter Zugvogel. Auch wenn es bei uns kaum noch Weißstörche gibt, ist er den meisten Kindern aus Büchern und Geschichten gut bekannt.
In manchen Gegenden können sie noch wilde Störche und ihre Nester sehen oder sie besuchen gemeinsam ein Storchenreservat.
Im Herbst erleben sie, wie sich die Störche vor ihrem Abflug in den Süden zu Flugübungen versammeln.
Trotz intensiver Schutzmaßnahmen gehört der Weißstorch zu den stark bedrohten Tierarten.

Der Vogelzug gibt den Forschern noch viele Rätsel auf. Doch manche Geheimnisse des Vogelzugs sind mittlerweile gelöst: z.B. ist die Richtung und Dauer, in der die Vögel in ihr Winterquartier ziehen, angeboren. Eine Art von Kompass im Auge hilft ihnen bei der Orientierung. Vögel können lernen, sich nach den Sternen zu richten und den Sonnenstand auch bei bedecktem Himmel zu erkennen. Aber auch markante Punkte in der Landschaft helfen ihnen bei der Orientierung. Mit ihrem Vogelblick merken sie sich ausgesuchte Landmarken, um so den Heimweg zu ihrem Nestplatz vom letzten Jahr wiederzufinden.

Lernwörter

- Horst
- Jungvogel
- Meister Adebar
- Störchin
- Storchennest
- Vogelzug

Materialliste

- Vogelbestimmungsbuch mit Bildern vom Weißstorch und anderen Zugvögeln
- Südafrika-Reiseprospekt
- Scheren
- Kleber

Der Storch auf weiter Reise

So geht's!

1. Im Bestimmungsbuch

Zeigen Sie den Kindern Bilder von Zugvögeln im Bestimmungsbuch für Vögel und wählen Sie den Storch als Beispiel für einen Zugvogel aus. Zeigen Sie auch andere Zugvögel, die hier brüten: Schwalbe, Mauersegler, Singdrossel, Haus- und Gartenrotschwanz und den scheuen Kuckuck, den die Kinder vielleicht schon gehört haben.

2. Was und wie fressen Störche?

(Arbeitsblatt S. 41)

Störche fressen Insekten, Frösche, Schlangen und kleine Säugetiere wie z. B. Maulwürfe.
Sie sind sehr geduldig bei der Jagd. So steht der Storch zum Beispiel sehr lange neben Maulwurfshaufen. Wenn der Maulwurf dann endlich an den Gipfel seines Maulwurfshaufens kommt, stößt der Storch mit dem Schnabel zu und versucht, die Beute zu erwischen.

3. Warum ziehen die Störche weg?

Die Frösche verlassen den Teich, verstecken sich unter Laub und Steinen für den Winter und fallen in Winterstarre, so wie viele andere Tiere, die auf der Speisekarte der Störche stehen.
Der Storch fliegt darum im Winter in den Süden, da gibt es genug für ihn zu essen.

4. Woher wissen wir, welche Flugwege die Störche wählen?

(Elternbrief S. 42 mit Vogelzug-Landkarte)

Um etwas über den Vogelzug zu erfahren, werden Vögel schon seit hundert Jahren von Vogelforschern beringt. Die Jungvögel bekommen einen Ring um das Bein. Wer so einen Ring einmal findet, kann darauf die Adresse einer Vogelwarte lesen. Rückmeldungen werden dort gesammelt.

5. Störche erleben

Vielleicht lebt in einem Tierpark in der Nähe Ihrer Einrichtung ein Storch, der hier überwintert, weil er den Abflug verpasst hat oder weil er verletzt ist.
In Tiergärten gibt es manchmal auch Storchenreservate.
Vielleicht hat ein Naturkunde- oder ein Heimatmuseum einen ausgestopften Storch, den die Kinder betrachten können.
Weil die Störche so große und auffallende Vögel sind, die oft über viele Jahre hinweg immer wieder in ein bestimmtes Dorf zurückkehren, ranken sich viele Geschichten um „Meister Adebar“.

Tipps für andere Bildungsbereiche

Vergleich: Flugzeug und Storchenflug
Entfernung Hamburg – Kapstadt: 9000 km
Flugzeit mit dem Flugzeug: 12 Stunden
Störche sind 2–3 Monate unterwegs.
Sie machen viele Zwischenlandungen zum Ausruhen und Fressen *(s. Geschichte S. 40)*.
Verfolgen Sie die Strecke auf einem Globus und zeigen Sie den Kindern Bilder von Südafrika.

Storchennest besuchen
Wenn es in Ihrer Gegend ein bewohntes Storchennest gibt, sollten Sie mit den Kindern alles dokumentieren, was dort über den Storch zu erfahren ist. Lassen Sie die Kinder Fotos von diesem Ereignis machen.

Der Storch auf weiter Reise

Spielreim vorlesen

Lesen Sie den Kindern folgenden Spielreim vor. Dabei können die Kinder passende Bewegungen machen.

Auf unserer Wiese gehet was,
watet durch die Sümpfe.
Es hat ein schwarzweiß Röcklein an,
trägt auch rote Strümpfe.
Fängt die Frösche, schnapp, schnapp, schnapp.
Klappert lustig, klapper-di-klapp.
Wer kann das erraten?

Geschichte vorlesen und weitererzählen

Lesen Sie den Kindern folgende Geschichte vor. Fragen Sie die Kinder: Wie geht es jetzt weiter? Was haben die Störche auf ihrer Reise erlebt? Wie war das genau mit den Raubvögeln?

„Kiko und Nina putzen sich noch einmal die Federn und fressen noch einen Frosch und einen Regenwurm, bevor sie auf große Reise gehen. Vor Aufregung klappern sie und zupfen an den Flügeln: beim Federkleid muss alles ganz genau passen, sonst klappt das mit dem Fliegen nicht! Sie brechen auf, bevor es hell wird. Das heimatliche Luftbild haben sie sich fest eingeprägt. Sie wissen genau, wie ihr Zuhause aus der Luft aussieht, das werden sie wiedererkennen. Da unten: das Elternnest, winzig klein, der Kirchturm und der Bach. Eine Autobahn und ein Wald. Kiko schlüpfte drei Tage vor Nina aus dem Ei. Deswegen fliegt er jetzt vorneweg. Erst später werden die Storcheneltern folgen. Da die Jungstörche noch nie in Afrika waren, kennen sie den Weg nicht. Sie fliegen erst einmal nach Süden. Das ist die Richtung, die ihrem Gefühl entspricht. Ein Kompass im Auge und das Magnetfeld der Erde helfen ihnen, die Richtung zu bestimmen. Wie alle Störche reisen Kiko und Nina bei Tag. Wenn sich der Boden erwärmt, steigen sie mit der warmen Luft auf und segeln fast ohne Flügelschlag. Wenn sie über Wasser fliegen, müssen sie sich jedoch kräftig anstrengen und mit den Flügeln schlagen. Am liebsten folgen sie den Ufern und umfliegen die offenen Wasserflächen, vor allem das Mittelmeer. Abends rasten sie auf einer Wiese, einem Feld oder einer Müllkippe. Sie bleiben ein paar Tage, bis sie genug gefressen haben und wieder fit sind.
Auf den Rastplätzen treffen sie viele andere wilde Störche.
Erfahrene Altstörche übernehmen die Führung und es geht auf nach Afrika! Sie folgen dabei der Küste des Schwarzen Meeres bis Istanbul, überfliegen den Bosporus und die Türkei mit ihren Moscheen und großen Palästen.
Unterwegs drohen ihnen viele Gefahren. Früher schoss man mit Pfeilen auf sie oder sie wurden von Adlern angegriffen. Sie können jedoch auch durch einen Stromschlag von den Stromleitungen verbrennen. Die größte Gefahr sind mit Pflanzenschutzmittel vergiftete Insekten.
Nach einigen Tagen tun Nina die Flügel weh. Sie braucht eine lange Rast. Sie denkt an den Storch, der nicht mehr fliegen konnte und in 15 Tagen zu Fuß 100 km nach Süden lief. Doch zum Glück braucht Nina das nicht und sie kann schon bald den anderen hinterherfliegen.
Über dem Gebirge trifft die Gruppe auf einen Adler - er greift an. Das war gefährlich! Über der Halbinsel Sinai überrascht sie ein schweres Unwetter. Patschnass müssen sie notlanden. Doch an dem Rastplatz gibt es genügend Heuschrecken für alle und noch 1000 weitere Störche, die alle das gleiche Ziel vor Augen haben! Weiter geht's!
Nach zweieinhalb Monaten sind Kiko und Nina am Ziel angekommen. Sie sind in Südafrika. Hier verbringen sie den Winter, denn hier ist es jetzt Sommer und viel wärmer als in Deutschland. Sie suchen sich einen Schlafbaum mit weiter Aussicht und finden viel zu fressen.
Kiko und Nina haben Glück gehabt. Viele junge Störche sterben auf der ersten Reise. Doch sie haben es geschafft! Drücken wir die Daumen für die Rückreise."

Der Storch auf weiter Reise

Speisekarte für einen Storch

Was frisst der Storch?
Schneide das passende
Fressen für den Storch aus
und klebe es auf seinen Teller.

© Verlag an der Ruhr ■ Postfach 10 22 51 ■ 45422 Mülheim an der Ruhr ■ www.verlagruhr.de ■ ISBN 3-8346-0200-0

Der Storch auf weiter Reise

Liebe Eltern!

Wir haben den Weißstorch als Zugvogel kennen gelernt. Wir wissen, dass der Storch im Winter in den Süden fliegt und dass er nicht nur Frösche, sondern auch Maulwürfe frisst. Dafür muss er manchmal sehr geduldig sein, dann steht er lange neben einem Maulswurfshügel und wartet, bis sich der scheue Gängeschaufler endlich blicken lässt. Mit seinem Schnabel versucht der Storch dann, den Maulwurf zu erwischen.

Zeigen Sie Ihrem Kind, wo der Weg der Störche ins Winterquartier verläuft. Dabei können Sie auf die verschiedenen Länder eingehen, die der Storch auf seiner Reise überfliegt. Zeichnen Sie gemeinsam mit Ihrem Kind die Wanderwege mit einem Stift oder dem Finger nach, das Land können Sie grün anmalen und das Meer bläulich.

Der Storch auf weiter Reise

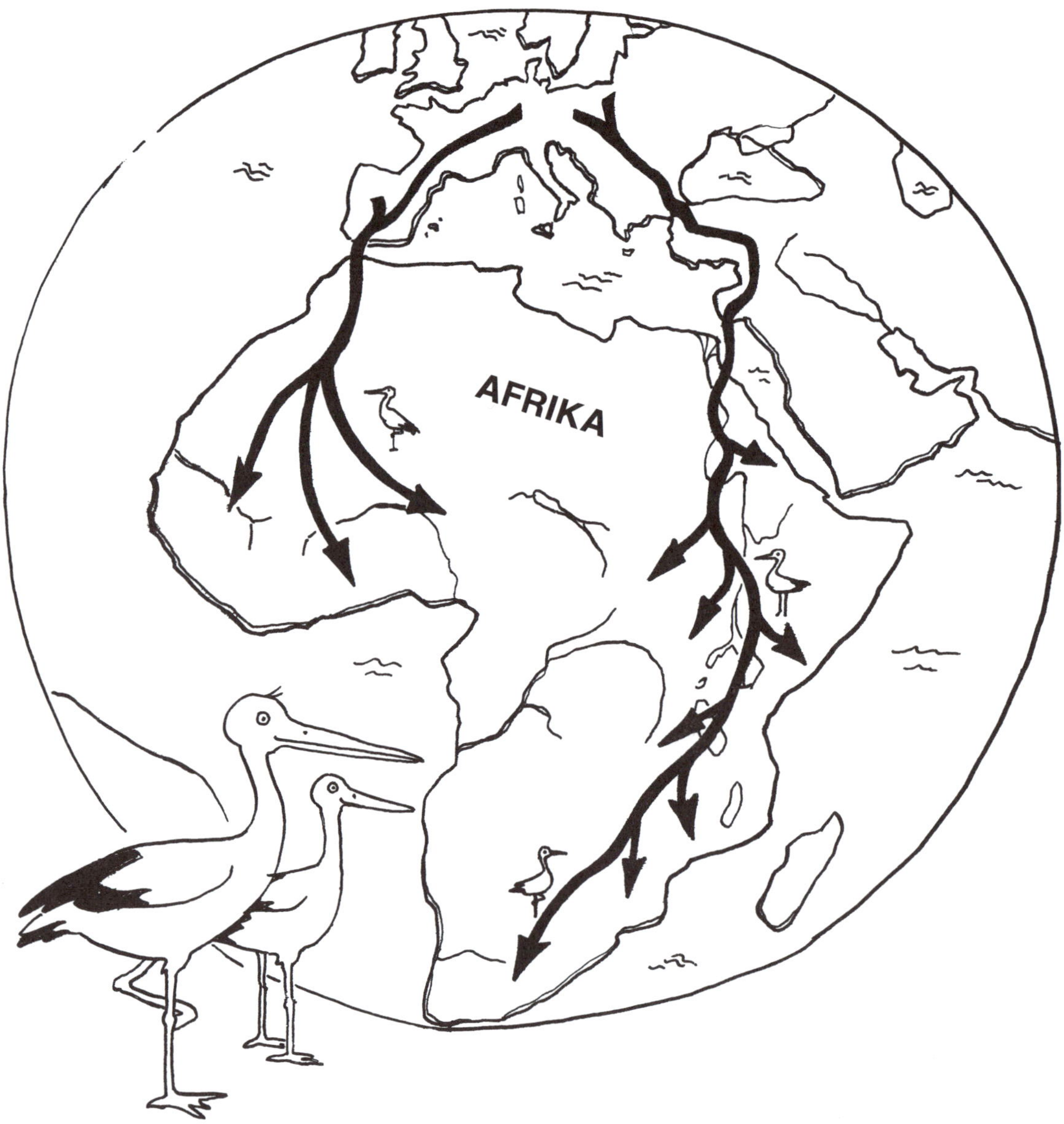

Tankstelle für Schmetterlinge

Lernwörter

- Admiral
- Flugroute
- Kompass
- Puppe
- Raupe
- Rüssel
- Schmetterling
- Wanderfalter

Einleitung

Im Frühling und Sommer haben die Kinder schon viele Schmetterlinge gesehen. Aber auch an sonnigen Herbsttagen kommen viele Schmetterlinge in Parks und Gärten zu Besuch. Vor dem Winter saugen sie noch einmal Nektar von Blumen und Saft von faulendem Obst. Einige Schmetterlingsarten, zum Beispiel der Admiral oder der Distelfalter, kommen im Frühjahr aus dem Mittelmeerraum über die Alpen zu uns und ziehen im Herbst wie die Zugvögel wieder zurück in den Süden. Die Flugreise ist eine ungeheure Leistung, die viel Energie verbraucht. Schließlich wiegt ein Admiral nur 0,3 Gramm. Sein Wanderweg kann rund 1000 km weit sein. Bevor die Schmetterlinge losfliegen, müssen sie noch einmal gründlich Energie tanken. Im Winterquartier angekommen, finden die so genannten Wanderfalter auch im Spätherbst und Winter noch Blüten mit Nektar und ihre Raupen finden Brennnesseln als Nahrung. Locken Sie die Falter mit süßem Saft an! Dann können die Kinder sie von ganz Nahem beobachten.

Im nächsten Frühling sind es nicht die Admirale vom letzten Jahr, die zu uns zurückkehren, sondern ihre Nachkommen. Die Schmetterlinge des vergangenen Jahres sind inzwischen gestorben. Wenn sie nach dem weiten Flug wieder hier landen, sieht man ihnen die Strapazen der Reise an: Die Flügelschuppen sind abgewetzt und die Flügelränder zerzaust.
Um etwas über die Wanderungen der Schmetterlinge zu erfahren, markieren Biologen sie am Flügel mit winzigen Plastikplättchen.

Materialliste

- eine flache Schale mit gezuckertem Fruchtsaft oder Zuckerwasser
- ein kurzes Seil oder einen dicken Wollfaden
- einen sonnigen, windstillen Herbsttag
- Strohhalme, Trinkbecher und Saft
- Sachbücher über Schmetterlinge
- violettes Tonpapier
- Traubensaft

Tankstelle für Schmetterlinge

So geht's!

1. Die Falter-Tankstelle

Tauchen Sie ein Seil oder einen dicken Wollfaden in süßen Fruchtsaft und füllen Sie etwas konzentriertes Zuckerwasser auf eine Untertasse. Stellen Sie die Lockmittel in die Sonne auf violettes Tonpapier. Violett ist die Lieblingsfarbe des Admirals. Haben Sie Geduld! Wenn ein Admiral in der Nähe ist, kommt er sicher vorbei und trinkt!

2. Trinken wie die Falter

Verteilen Sie an die Kinder Strohhalme und Becher mit Saft. Die Kinder benutzen die Trinkhalme so wie der Schmetterling seinen Rüssel: sie saugen den Saft durch das Trinkrohr.

3. Heimische Schmetterlinge

(Arbeitsblatt S. 45)

Schauen Sie sich mit den Kindern Kindersachbücher über Schmetterlinge an. Hier können sie sehen, dass es sehr viele verschiedene Schmetterlingsarten gibt und welche Farbe ihre Flügel haben.

Auf dem Arbeitsblatt finden Sie den Schmetterling Kleiner Fuchs zum Ausmalen. Bilden Sie Kleingruppen und besprechen Sie mit den Kindern, wie die Farben des Schmetterlings aus dem Kindersachbuch auf das Ausmalbild übertragen werden können. Wo ist der rechte Flügel und welche Farbe hat er? Wo befindet sich das Muster auf dem Flügel? Welche Farben sind vorhanden?

Tipps für andere Bildungsbereiche

Lesen Sie diese Geschichte vor und besprechen Sie mit den Kindern die allgemeinen Aufgaben von Forschern.

Lisa und Ole haben auf dem Balkon im Sonnenschein beobachtet, wie ein Admiral seinen langen Rüssel ausgerollt und damit Zuckerwasser aus einem Schälchen geschlürft hat. Lisa sagt: „Nun fliegt er nach Italien.“ Der Admiral ist einer der wenigen Schmetterlinge, die in den Süden fliegen. Ole überlegt. Er ist selbst schon einmal nach Italien geflogen. Im Flugzeug konnte er im Cockpit die vielen Instrumente sehen, die der Flugkapitän zur Orientierung braucht. Beim Flug über die Alpen sah er die hohen Berge im Schnee und tiefe Täler, in denen Flüsse wie silberne Bänder zu erkennen waren. „Das hat der Schmetterling alles in seinem kleinen Kopf? Kaum zu glauben!“, sagt Ole. „Wie findet der Admiral den Weg nach Italien?“ Die Kinder fragen vergeblich die Erzieherin und die Eltern. Auch ein Naturforscher, den sie fragen, weiß es nicht und erklärt: „Wir haben zwar schon vieles herausgefunden, doch auch wir wissen nicht alles. Es gibt noch sehr viele Geheimnisse auf unserer Welt zu lüften! Doch freue ich mich, dass ihr eine so intelligente Frage gestellt habt. Vielleicht lüftet ihr ja so ein Geheimnis, wenn ihr größer seid!“ „Das werden wir machen“, beschließen Lisa und Ole stolz.

Tankstelle für Schmetterlinge

Heimischer Schmetterling

Male den Schmetterling bunt an.
Kennst du den Namen des Schmetterlings?
Es ist der Kleine Fuchs.

Tankstelle für Schmetterlinge

Liebe Eltern!

Ein Herbsttag im Kindergarten war den Schmetterlingen gewidmet. Die Kinder haben versucht, sie mit violetten Blumen und mit süßem Saft anzulocken.
Machen Sie ein Picknick für die Falter, zum Beispiel auf dem Balkon.

Die Lieblingsnahrung der Schmetterlinge sind nektarreiche, violette Blumen wie Herbstastern, Sommerflieder, Wasserdost, Flockenblumen, Efeublüten und Fallobst.
Jetzt können Sie gemeinsam die Schmetterlinge beobachten.

Entdecken Sie gemeinsam mit ihrem Kind die wunderbare Verwandlung des Tagpfauenauges vom Ei zum Schmetterling.

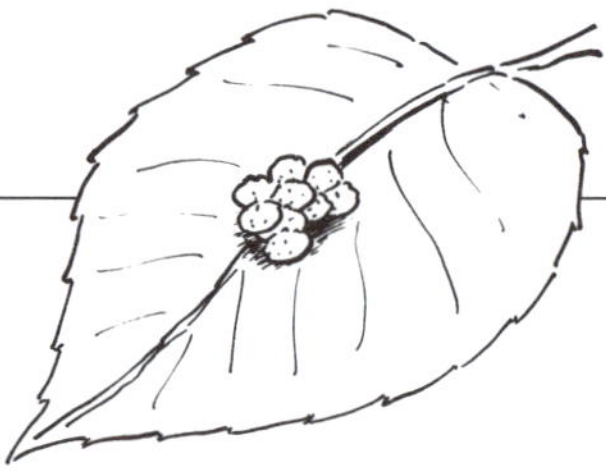

1

Nur wenige Tage nach der Paarung legt das Schmetterlingsweibchen seine etwa stecknadelkopfgroßen Eier auf den Blättern ab. Je nach Schmetterlingsart sind es zwischen 25 und 1000 Eier.

2

Nach etwa 6 bis 14 Tagen schlüpfen aus den Eiern winzige Raupen. Sie beginnen zu fressen und werden immer dicker. Da ihre Haut aber nicht mitwächst, platzt diese auf und unter der alten Haut ist bereits eine neue gewachsen. Das passiert etwa 4 bis 5 mal.

3

Sind die Raupen ausgewachsen, hängen sie sich zum Beispiel an einen Zweig und beginnen, sich zu verpuppen.
In dem Kokon entwickelt sich aus der Raupe ein Schmetterling.

4

Nach etwa 2 Wochen hat sich der Schmetterling fertig entwickelt. Die Puppenhülle platzt und der Schmetterling kommt hervor. Er muss erst noch seine Flügel trocknen lassen, bevor er losfliegen kann.

Blätter und Früchte

Lernwörter

- Bestimmungsmerkmal
- Blattumriss
- Buchecker
- Eichel
- Frucht
- Kastanie
- Pflaume
- Vogelbeere

Einleitung

Die einheimischen Baumarten sind an Hand der Blätter leicht zu unterscheiden. Zum Beispiel sind die Blätter der Linde herzförmig und doch gleicht kein Blatt genau dem anderen. Sie sind unterschiedlich groß und sie sind im Herbst dunkelgrün, hellgrün oder schon gelb, braun oder rot.
Bei einem Suchspiel können die Kinder die Bäume kennen lernen, die in der Nähe des Kindergartens oder der Kindertagesstätte in einem Park oder Wald oder am Straßenrand wachsen. Sie üben dabei, die Laubbäume an Hand der Blätter zu unterscheiden. Die Blattformen sind das Bestimmungsmerkmal. Blätter sind nicht nur schön anzusehen! Für den Laubbaum ist es lebenswichtig, dass er im nächsten Frühjahr neue, grüne Blätter bekommt. In den Blättern befindet sich das Blattgrün (Chlorophyll), welches unter Sonneneinstrahlung Luft und Wasser in Nährstoffe für den Baum verwandelt. Dabei entsteht auch noch ein wichtiges Produkt für den Menschen: Sauerstoff. Dieser Vorgang heißt Photosynthese. Für die Menschen und Tiere sind die Blätter wichtig, indem sie die Atemluft verbessern. Die Blätter bringen uns also frische Luft.

Typische Laubbäume in der Stadt

Ahorn, Birke, Buche, Eberesche, Eiche, Kastanie, Linde, Platane

Materialliste

- Suchkarten: Blätter und Früchte (S. 50)
- Material für die Fühlkiste: Apfel, Banane, Zitrone, Kastanie, Eichel, Haselnuss, Walnuss, Pflaume, Vogelbeere, Apfelsine, Birne, Kürbis
- Baumbestimmungsbuch
- Beutel oder Korb
- Walnussschalen
- Balkenwaage
- Pappstreifen
- Klebstoff
- Scheren
- Bleistifte
- Karton
- Blätter
- Kiste

Blätter und Früchte

So geht's!

1. Waldgebiet aussuchen

Suchen Sie zur Vorbereitung ein Gebiet aus, in dem das Suchspiel stattfinden soll. Am besten geeignet ist ein Park oder ein kleiner Wald in der Nähe der Einrichtung. Notieren Sie sich, welche Laubbaumarten dort wachsen.

2. Bäume kennen lernen

Es hat sich bewährt, vor Beginn des Spiels vor allem mit jüngeren Kindern einige Bäume anzusehen, z.B. eine Kastanie und eine Linde. Beschreiben Sie mit den Kindern die Blattformen. Vergleichen Sie auch die Blätter auf dem Baum mit dem Laub unter dem Baum. Überlegen Sie mit den Kindern, woran sie im Winter die Bäume ohne Blätter erkennen könnten, z.B. an den unterschiedlichen Stämmen.

3. Los geht das Spiel!

(Arbeitsblatt S. 50)

Kopieren Sie die Suchkarten der vier Laubbäume für die Kinder.
Das Spiel geht los! Teilen Sie die Kinder in Gruppen mit zwei oder drei Kindern ein. Jede Gruppe bekommt die Suchkarten.
Bei jüngeren Kindern reicht es, wenn sie die Blätter von zwei markanten Bäumen suchen und diese sammeln. Gemeinsam schauen sie dann die Funde an.

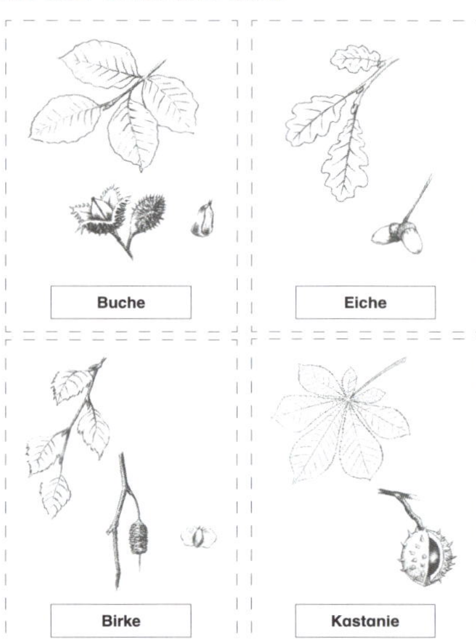

4. Erweiterung

Die Karten können nach Belieben erweitert werden. Bei der einfachsten Variante des Quiz stehen die Suchbäume dicht beieinander und sie suchen nur die Suchkarten von den Bäumen, die tatsächlich vorhanden sind. Schwieriger wird es, wenn das Revier größer ist und wenn mehrere Bäume dort wachsen, die nicht gefragt sind. Natürlich kann man den Kindern auch anstatt der Suchkarten bei einem Spaziergang spontan echte Blätter geben mit dem Auftrag, weitere Blätter der gleichen Art zu sammeln. Aber es macht Sinn, wenn Sie zum Vergleichen und zum Einüben der Begriffe die Suchkarten einsetzen. Im Jahreslauf können Blüten, Früchte und die Rinde von Bäumen als weitere Bestimmungsmerkmale betrachtet werden. Die Suchkarten können beliebig erweitert werden.

Tipps für andere Bildungsbereiche

■ **Aus Ich-Perspektive erzählen**
Stellen Sie einen Korb mit den Blättern von mehreren Baumarten, die den Kindern schon bekannt sind, auf den Tisch. Jedes Kind wählt ein Blatt aus und erzählt etwas über den Baum aus der Ich-Perspektive:
Ich bin ein Kastanienblatt. Mein Baum ist sehr groß. Heute war es windig. Da bin ich vom Baum gefallen.
Die kurzen Erzählungen können Sie an einem der folgenden Tage wiederholen und dazu anstelle von Blättern dieses Mal Früchte verteilen und zum Thema machen.

Blätter und Früchte

■ **Mengenangaben hören und fühlen mit geschlossenen Augen**

Die Kinder hören mit geschlossenen Augen zu, wenn jemand Kastanien in eine Schüssel fallen lässt. Die Kinder fühlen und zählen mit geschlossenen Augen, wie viele Kastanien in einem Fühlsäckchen sind.

■ **Wiegen und messen**

(Arbeitsblatt S. 51)

Die Kinder spielen Wochenmarkt mit Herbstfrüchten, z.B. wiegen sie Eicheln, Kastanien, Äpfel und Vogelbeeren, Kürbisse, Bucheckern und Weintrauben auf einer Balkenwaage. Dann vergleichen sie die verschiedenen Gewichte und die Stückzahl: Wie viel wiegt ein Kürbis? Und wie viel ein Apfel? Das Arbeitsblatt auf S. 51 können Sie für die Kinder kopieren. Dort malen die Kinder auf, welche Frucht sie gewogen haben und welcher andere Gegenstand dasselbe Gewicht hat, schwerer oder leichter ist. So lernen die Kinder Früchte und andere Gegenstände in ihrem Verhältnis zueinander kennen. Wenn die eine Frucht schwerer oder leichter als die andere ist, kann das auch auf dem Arbeitsblatt mit Pfeilen nach oben oder unten festgehalten werden. Wohin bewegt sich die Waage: Nach oben oder nach unten?

■ **Kastagnetten selbst gemacht**

Die Kinder knicken feste Pappstreifen einmal in der Mitte. Auf die beiden Enden kleben sie jeweils eine halbe Walnussschale. Indem man die Enden aneinander klopft, kann man Rhythmen vormachen. Die Kinder machen dann mit ihren Kastagnetten den Rhythmus nach.

■ **Blätter-Leporello**

In einem Leporello können die Kinder sehr übersichtlich und dekorativ einige gepresste Blätter aufbewahren. Auf jede Seite des Leporellos kleben die Kinder das gepresste Blatt einer Baumart. Die größeren Kinder können auch schon die passende Frucht dazu malen. Man kann das Leporello aufhängen oder in einen Briefumschlag stecken und verschicken. Kopiert ist es ein kleines Nachschlagewerk, das in die Tasche passt.

■ **Fühlkiste**

(Arbeitsblatt S. 52)

Suchen Sie eine Kiste oder einen Karton mit Deckel. In die vordere Front der Kiste schneiden Sie ein Loch, welches Sie mit einem Tuch von innen verhängen, damit die Kinder nicht von außen erkennen können, was sich in der Kiste befindet. Das Loch sollte so groß sein, dass eine Kinderhand problemlos hindurchgreifen kann. In dieser Kiste können die Kinder verschiedene Früchte erfühlen, z.B. Äpfel, Bananen, Zitronen, Kastanien, Eicheln, Haselnüsse, Walnüsse, Pflaumen, Vogelbeeren, Apfelsinen, Birnen oder kleine Kürbisse. Auf S. 52 finden Sie ein Arbeitsblatt zum Kopieren, auf dem die Kinder ankreuzen können, welche Früchte sie gefühlt haben.

Blätter und Früchte

Suchkarten: Blätter und Früchte

Buche

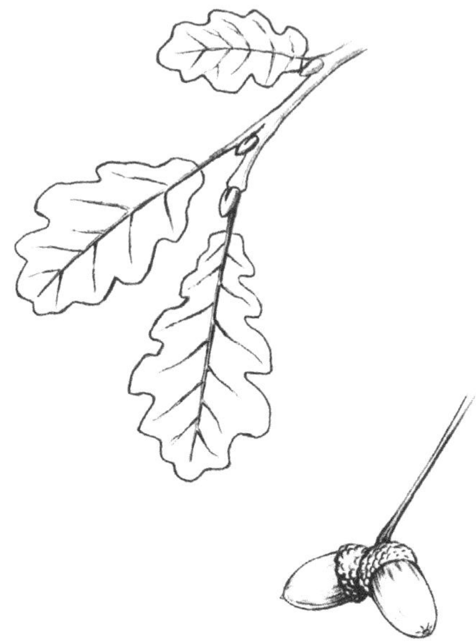

Eiche

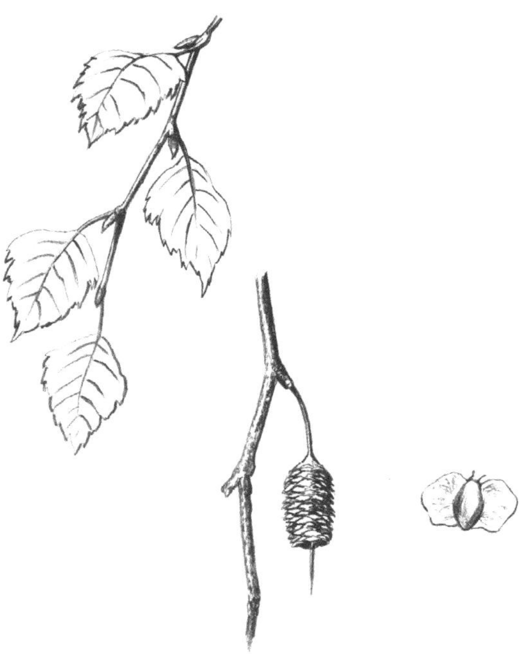

Birke

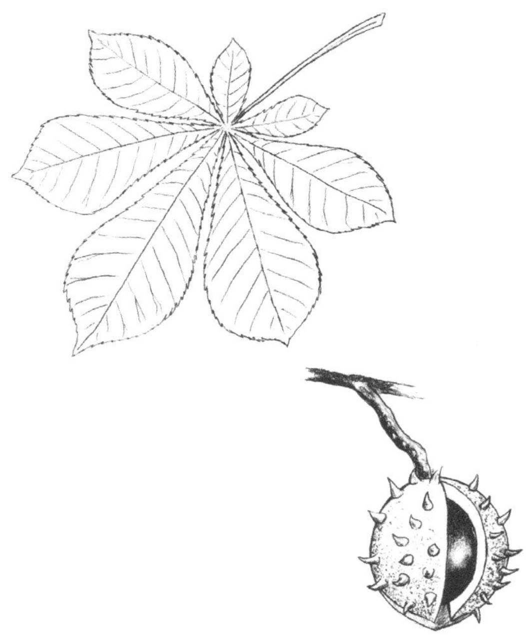

Kastanie

© Verlag an der Ruhr ■ Postfach 10 22 51 ■ 45422 Mülheim an der Ruhr ■ www.verlagruhr.de ■ ISBN 3-8346-0200-0

Wiegen und messen

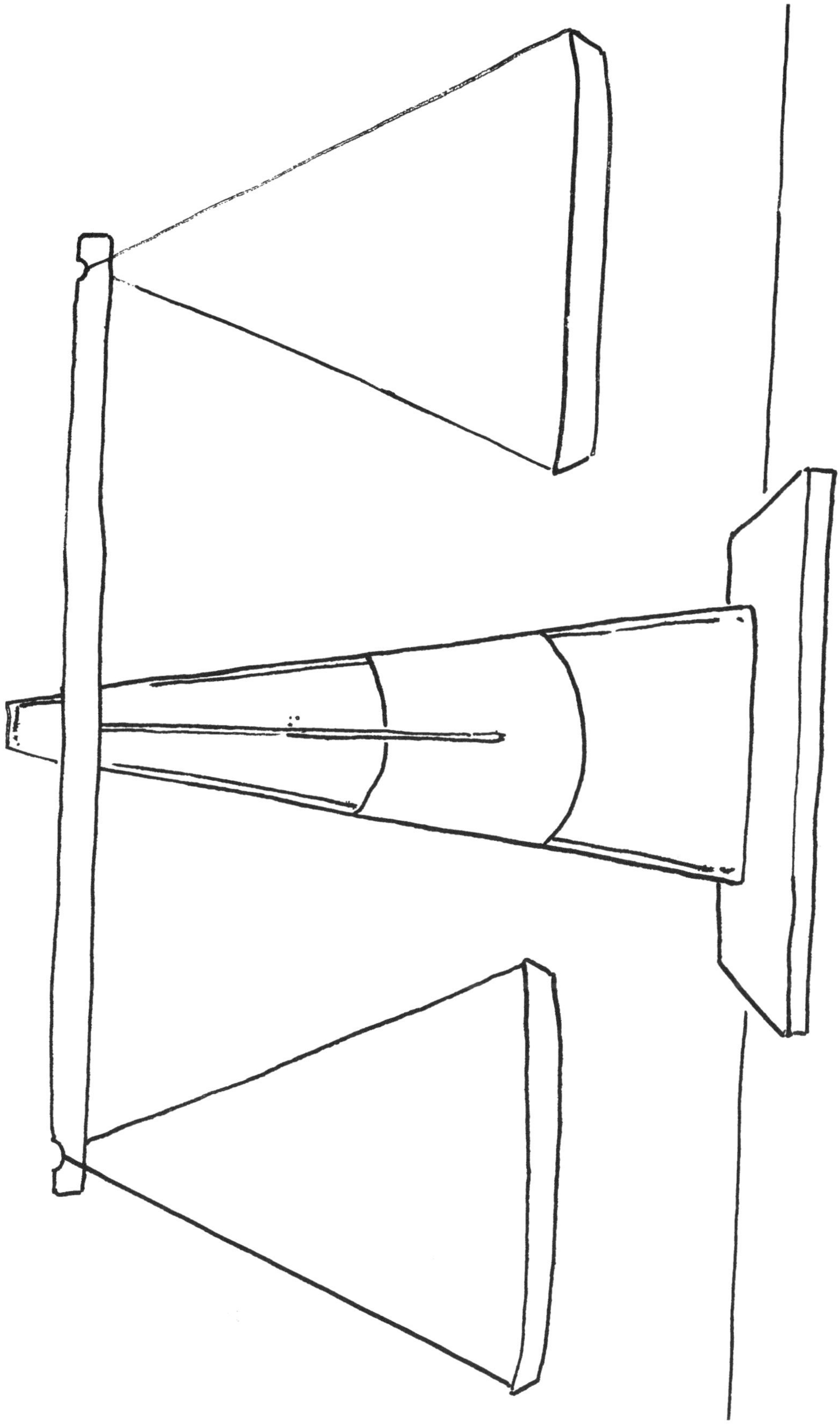

Blätter und Früchte

Fühlkiste

Kreuze an, welche Früchte du in der Kiste gefühlt hast!

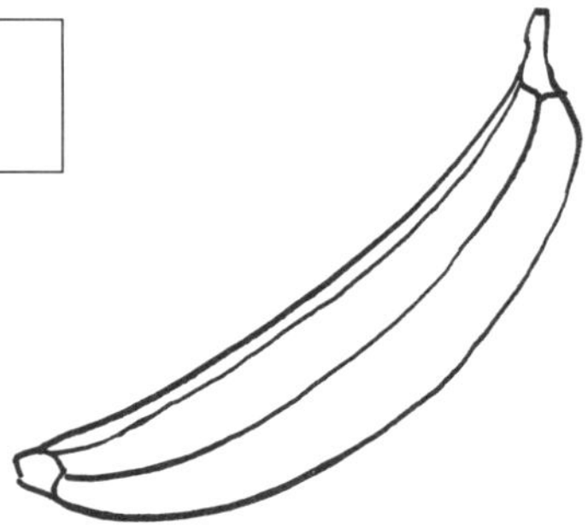

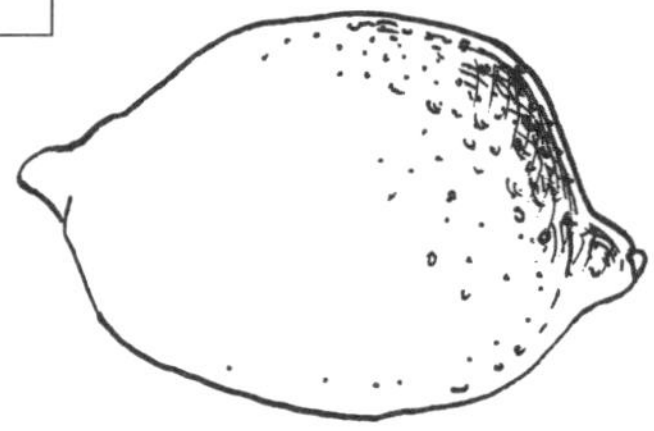

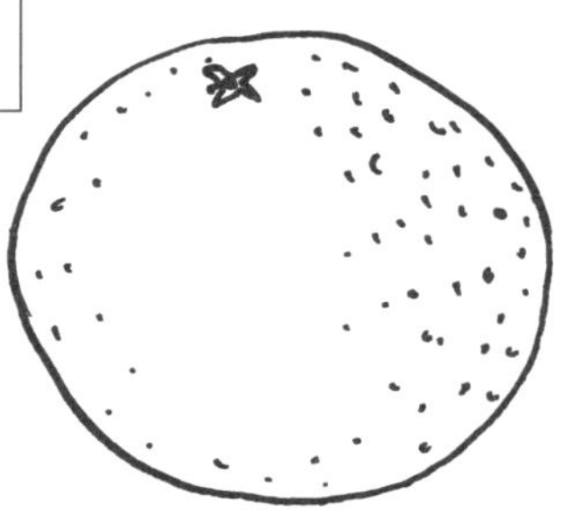

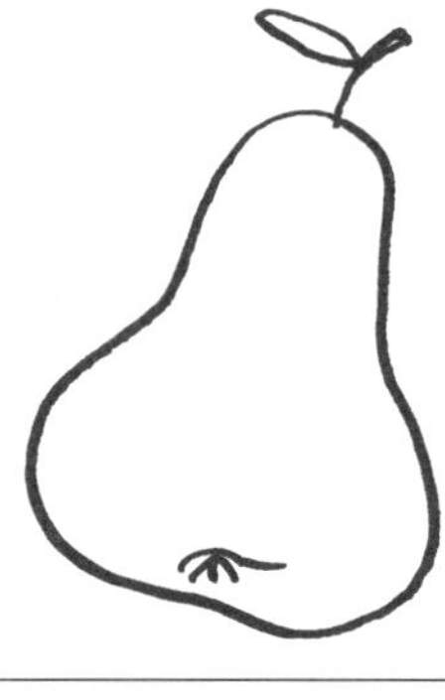

Blätter und Früchte

Liebe Eltern!

Die Kinder haben ein Suchspiel gespielt und dabei unterschiedliche Bäume kennen gelernt, die sie nun z.B. anhand der spezifischen Blattform erkennen können. Das ist toll!

Vielleicht können Sie noch einmal gemeinsam auf Blätter- und Früchtesuche gehen? Lesen Sie den Kindern die Namen der hier abgebildeten Blätter vor. Lassen Sie die Kinder die Blätter mit der passenden Frucht verbinden.

Ahorn

Eiche

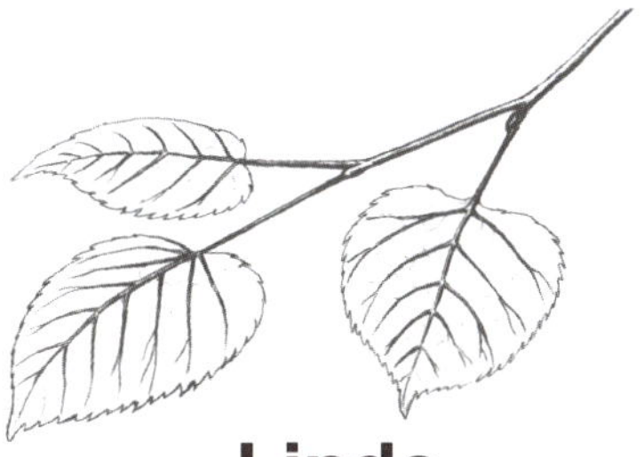

Linde

Kastanie

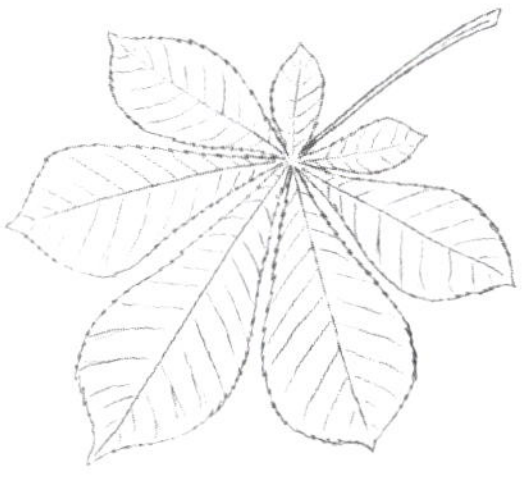

Kastanie

Ahorn

Eiche

Linde

Herbstfärbung

Einleitung

Wo ist die grüne Farbe aus den Blättern geblieben? Bis vor wenigen Tagen waren die Bäume grün. Ende Oktober sind viele Blätter gelb, leuchtend rot oder braun. Viele Blätter sind schon von den Bäumen gefallen und liegen am Boden. Die Sonne scheint wieder durch die Zweige hindurch wie im Frühjahr. Was hat sich in den vergangenen Wochen in den Bäumen abgespielt? Wie viel Farbe steckt in den 200 000 Blättern einer 100-jährigen Buche? Wie viel Farbe beinhaltet ein ganzer Laubwald? Wir wollen versuchen, dem Geheimnis der Herbstfarben auf die Spur zu kommen.

Chlorophyll heißt der grüne Pflanzenfarbstoff. Er ist in kleinen Kügelchen, den Chloroplasten, in den Blättern enthalten. Wenn es im Herbst kälter wird und die Tage kürzer werden, lösen sich die grünen Kügelchen auf und die Inhaltsstoffe werden in den Stamm und in die Wurzeln abtransportiert und dort bis zum Frühjahr gespeichert. In den Blättern bleibt gelbe Farbe zurück. In manchen Blättern, zum Beispiel beim wilden Wein, kann sich auch eine leuchtend rote Farbe bilden.

Lernwörter

- Blattader
- Blattgrün
- Blattrand
- Brennnessel
- Hagebutte
- Kamille
- Pflanzenfarben
- Rote Beete
- Walnussschale

Materialliste

- Blätter
- Verschiedene Teesorten: Brennnessel, Hagebutte, Kamille
- Transparentpapier (rot, gelb, grün)
- kleine Stücke Pappe als Palette für Farbproben
- Marmeladen- oder Senfgläser
- Trinkgläser und Strohhalme
- 200 g Walnussschalen
- Gummihandschuhe
- 50 g Naturwolle
- Wasserfarben
- Wachskreiden
- Zeichenpapier
- Brennnesseln
- Küchenrolle
- Rote Beete
- Buntstifte
- Klebstoff
- Lappen
- Schere
- Mörser
- Spinat
- Pinsel

Herbstfärbung

So geht's!

1. Der Blättertag

Machen Sie einen Blättertag rund um das Blattgrün und die Herbstfarben. Sammeln Sie dafür mit den Kindern viele bunte Blätter und breiten Sie diese auf den Tischen aus.

2. Blattfarben

Die Kinder schauen die Blätter an und sortieren sie nach Farben. Manchmal ist die Entscheidung schwierig, ob das Blatt zu den gelben oder grünen Blättern gehört, denn bei einigen Blättern war, als sie abgeworfen wurden, der Abtransport des Blattgrüns noch nicht fertig. Bei diesen Blättern sind Reste der grünen Farbe an den Adern oder in der Blattmitte zu sehen, während der Rest des Blattes schon gelb oder rot ist.
Jetzt sucht sich jedes Kind ein Blatt oder mehrere Blätter aus.

3. Blätter-Werkstatt

(Arbeitsblatt S. 56)

Richten Sie am besten für die Kinder an mehreren Tischen Werkstätten ein:

- Malen mit Wachskreiden
- Malen mit Wasserfarben
- Malen mit Buntstiften

Stellen Sie dabei die Blattfarben zur Verfügung: rot, gelb, grün. Mit diesen unterschiedlichen Malutensilien können die Kinder das Ahornblatt (S. 56) ganz unterschiedlich frei gestalten oder sie versuchen, genau nach Vorlage eines Original-Blattes dieses nachzuzeichnen. Selbstverständlich können sie auch ganz ohne die Vorlage arbeiten. Anschließend können Sie aus allen Blättern einen gemeinsamen Ahornbaum in Herbstfarben gestalten.
Beim Umgang mit Blättern und Farben gewinnen alle einen Eindruck vom herbstlichen Geschehen. Es macht Spaß, die Farben zu mischen, so wie es in der Natur im Herbst in den Blättern geschieht.
Außerdem können sie wunderschöne Fensterbilder mit Transparentpapier gestalten.

4. Hexengetränke

Zum Abschluss können Sie zusammen mit den Kindern aus Brennnesseltee, Hagebuttentee und Kamillentee, aus Spinat oder Roter Beete bunte Säfte herstellen.
Zerstoßen Sie die Brennesselblätter im Mörser oder kaufen Sie den Tee fertig. Gießen Sie die Tees auf. Lassen Sie die Kinder bunte Getränke mixen und mit dem Strohhalm vorsichtig kosten. Sie können die Tees und Säfte auch mit Milch und Sprudel mischen.

Tipps für andere Bildungsbereiche

- **Wolle mit Walnussschalen färben**

Die 50 g Naturwolle vorher mit Feinwaschmittel waschen. Weichen Sie 200 g grüne äußere Schalen von Walnüssen über Nacht ein. Dann auf 750 ccm mit kaltem Wasser auffüllen und das Wasser und die Schalen auf 40° C erwärmen. Jetzt können Sie die Wolle 2 Stunden darin ziehen lassen. Nach 2 Stunden nehmen Sie die Wolle heraus, trocknen sie und spülen sie später mit kaltem Wasser ab.
Das Endergebnis ist ein Mittelbraun!
Für dieses Rezept brauchen Sie keine Chemikalien.
Achtung! Gummihandschuhe anziehen, sonst werden Ihre Hände schwarz.

Herbstfärbung

Das schönste Ahornblatt

Herbstfärbung

Liebe Eltern!

Wir haben herbstliche Blätter gesammelt, als Malvorlage benutzt und die unterschiedlichen Farben des Herbstes kennen gelernt.
Die Blätter werden allerdings so bunt, weil sich das Grün aus den Blättern zurückzieht und sich über den Winter sozusagen im Baum versteckt, damit es im Frühjahr wieder heraus kommen kann.

Wie wäre es mit einem vollkommen grünen Mittagessen? Überlegen Sie zusammen, was Sie alles für eine grüne Mahlzeit zubereiten könnten: Spinat, Brokkoli, grüne Nudeln, Kopfsalat, Oliven und Stachelbeergrütze. Oder kochen Sie zusammen eine grüne Erbsen- oder Gurkensuppe und dekorieren Sie die Mahlzeit mit grünen Kräutern!

Literatur- und Internettipps

Ackermann, L.; Müller, B.; Urfer, R.:
Sinn-Salabim.
Verlag an der Ruhr, 2005.
ISBN 3-86072-961-6

Blucha, Ulrike; Knauf, Iris:
Die Kinder-Lernwerkstatt: Wachsen und größer werden.
Verlag an der Ruhr, 2006.
ISBN 3-83460-201-9

Cornell, Joseph:
Mit Cornell die Natur erleben.
Verlag an der Ruhr, 2006.
ISBN 3-83460-076-8

Hauff, Wilhelm:
Kalif Storch.
Aufbauverlag, 2002.
ISBN 3-35104-024-5

Lindgren, Astrid:
Der Drache mit den roten Augen.
Oetinger, 1986.
ISBN 3-78916-037-7

Lindgren, Astrid:
Ronja Räubertochter.
Oetinger, 1982.
ISBN 3-78912-940-2

Michels, Tilde:
Igel, komm ich nehm dich mit.
DTV, 1991.
ISBN 3-42375-006-5

Preuß, Carola; Ruge, Klaus:
Waldgeräusche-Spiel.
Verlag an der Ruhr, 1994.
ISBN 3-86072-175-5

Schaadt, Susanne:
Dekorationsvorlagen Herbst-Winter.
Verlag an der Ruhr, 2006.
ISBN 3-83460-134-9

Schild, S.; Rinsche, P.; Griesche, Ch.:
Puzzlequiz: Bäume.
Verlag an der Ruhr, 2001.
ISBN 3-86072-583-1

Seefeldt, Carol:
Das habe ich gemacht und ich kann noch mehr! Ausstellungen und Präsentationen motivieren zum Weiterlernen.
Verlag an der Ruhr, 2006.
ISBN 3-83460-050-4

www.arthropods.de
Diese Website über „Die Welt der kleinen Krabbeltiere" versorgt Sie z.B. mit vielen Geschichten aus dem Leben der Krabbeltiere.

www.naturdetektive.de
www.umweltdetektive.de
Hier finden Sie viele Tipps und Aktionen, bei denen Sie mit Kindern die Natur kennen lernen können.

www.storchenhof-loburg.de
www.storchennest.de
Auf diesen Seiten erfahren Sie spannendes über Störche.

www.Abenteuer-Schmetterling.de
www.Heimische-Schmetterlinge.de
www.luxnatur.de
Auf diesen Seiten finden Sie alles über Schmetterlinge.

www.pro-Igel.de
Hier finden Sie alle Informationen über die stacheligen Freunde.

www.verlagruhr.de
Da sich Internetadressen schnell verändern können, finden Sie auf unserer Homepage unter dem Titel „Die Kinder-Lernwerkstatt – Herbst" eine stets aktualisierte Linkliste aller Internetadressen aus dieser Mappe.